고구려

되찾은 주몽신화의 시대

건국사

되찾은 주몽신화의 시대

고구려 건국사

김기흥 지음

창비

책머리에

　낮은 야산과 기찻길이 가로지르는 넓은 들판이 어우러진 농촌에서 태어났다. 여름날 몰려가던 검은 구름이 휘돌아오를 때 용이 승천하는 듯한 경이로움을 느꼈고, 해 밝은 가을 들판의 누런 벼들이 출렁이는 논길을 따라 걸으며 이삭들을 손으로 스쳐 어루만질 때 솟아오르던 뿌듯함을 기억한다. 밤중에 냇가 수문(水門) 위에 혼자 누워 있다가 쏟아지는 별똥별들의 대향연을 만났는데, 아직도 그것이 현실이었는지 꿈이었는지를 분간 못한 채 귀중한 추억으로 간직하고 있다. 동산은 친구들과의 놀이터였고 혼자서 사색하던 숲이기도 하였다. 동네 교회의 주일학교에서는 옛 이스라엘의 역사이야기와 숱한 동화를 들었고, 동무들과 밤마다 얘기보따리 할머니를 찾아가 무거운 눈꺼풀을 들어올리며 옛날얘기를 듣기도 하였다. 나는 이렇게 신화적 분위기와 설화적 삶이 남아 있던 어린 시절을 보냈다.

　이런 이유에서인지 우리나라 고대의 사회경제사를 공부하면서도 신화에 관심을 갖고 수업을 듣거나 관련자료를 두고 그 진실이 무엇인지를 가끔씩 깊이 생각하곤 하였다. 그중 주몽신화(朱蒙神話)의 흔적을 많이 전하는 이규보의 「동명왕편(東明王篇)」은 적어도 몇년마다 다시 생각해보는 대상이었다.

그러던 중, 2000년도 가을에 학생들과 광개토대왕릉비문을 읽게 되었는데, 거기에 나오는 주몽신화 맨 앞구절의 주몽의 출신 관련 내용에 대한 다른 학자들의 해석이 나의 견해와 차이가 있음을 알게 되었다. 곧 주몽신화에 관한 연구들을 찾아보았는데, 장수왕 때에 부여의 '동명전설'을 개작하여 '주몽전설'을 만든 것이라는 일본 학자의 견해 등은 논외로 하더라도, 남북한 사학계에서도 주몽신화가 고구려 후반에 완성되었다고 보고 있어 놀라웠다. 이는, 사료상으로 광개토대왕릉비(414)에 일부 내용이 나온 후 모두루묘지(5세기 중엽)를 거쳐 『위서(魏書)』 고구려전(554)에서 완성된 듯한 신화가 보이는 현실에서, 5세기 이후 고구려의 동부여 통합과 귀족세력의 득세라는 정치적 변화가 신화체계에 반영되었을 것이라는 인식의 결과였다.

건국신화가 자연발생한 것이든 조작된 것이든 간에, 그것이 꼭 필요했을 건국과정에서 만들어지지 않고 전설로 희미하게 전해지다가 수백년 후에야 체계화되었다는 것은 수긍할 수 없었다. 고구려는 일찍부터 중국과의 접촉이 빈번하였고, 초기부터 글자를 알아 역사를 기록하였다는 내용이 사서에 전하고 있기도

하다. 이렇게 해서 나는 주몽신화의 역사성을 연구하기로 하였다. 그리고 고구려 제3대 왕인 대무신왕(大武神王) 3년에 동명왕묘가 세워지면서 주몽이 고구려의 시조신으로 확고하게 자리 잡고 그에 관한 기본적인 신화가 체계화되었다는 결론을 얻고, 이를 논문으로 발표하였다. 그런데 논문에서 다 말하지 못한 내용들과 더 알고 싶은 궁금한 점들이 남아 있어 좀더 연구한 후 책으로 만들었으면 하는 생각이 났다. 학부와 대학원 시절에 관심을 두었던 고구려 초기 역사와 다시 씨름을 하게 되었다.

이어진 연구 끝에, 주몽이 동부여 금와왕(金蛙王)의 서자(庶子)였기 때문에 주몽계 왕실이 동부여와 치열한 신경전을 벌이고 대립하게 된 것을 알게 되었다. 그들은 신분적 약점을 극복하고 독자적인 왕실로서의 정체성을 확립하기 위하여 본가인 동부여 왕실과 갈등관계에 있었던 것이다. 주몽은 천신(天神)과 국동대혈(國東大穴)의 신 사이에 태어난 아들로서 신성화되고, 마침내 대무신왕은 동부여를 정벌하였다. 그리고 왕실이 정체성을 확보하게 됨에 따라 진취적이며 거룩한 신화시대는 무너져갔음도 알게 되었다. 이같은 작업을 통해, 주몽신화는 건국과정에서 형성되었으며, 상당한 정도의 역사성을 가지고 있음을 확인하는 큰 성과를 얻었다. 아울러 학계의 오랜 미해결 과제인『삼국사기』고구려본기 초기 기사의 신빙성을 한층 밝혀, 고구려 건국의 역사를 좀더 역동적으로 설명할 수 있는 매우 의미있는 성과도

책머리에

얻었다. 그동안 학계에서는 고구려가 제6대 태조대왕 때에 고대 국가의 체제를 갖추었다고 보면서, 신화와 설화적 성격의 내용을 많이 간직하여 그 역사성을 해명하기 어렵던 동명성왕(주몽)으로부터 제5대 모본왕(慕本王)에 이르는 『삼국사기』 고구려본기의 내용을 방치해온 면이 있었던 것이다.

주몽신화와 그 시대에 대한 이러한 '발견'은 결코 가볍게 볼 수 없는 것이었다. 그리하여 나는 한 걸음 더 나아가, 역사적 지식을 바탕으로 상상력을 발휘하여 신화 자체를 복원해야겠다는 생각을 하게 되었다. 복원은 가능한한 상고기의 시대상에 걸맞은 원초적인 모습에 가까운 이야기가 되도록 하였고, 이에 따라서 고려 중기까지의 역사에서 비롯된 어느정도의 변질을 담고 있을 「동명왕편」 등에 전하는 내용을 극히 일부 수정하기도 하였다. 이 작업에 나의 어린 시절부터 축적된 이야기에 대한 친숙한 교감이 큰 힘이 된 것은 물론이었다.

이 책을 읽으면, 그동안 모호하던 우리의 영원한 강국 고구려의 건국사가 파노라마처럼 펼쳐짐을 보게 된다. 인과관계에 따른 사실들로 이어지는 『삼국사기』 고구려본기의 고구려 건국사 즉 '신화의 시대'가 물 흐르듯 자연스럽게 연결됨을 느낄 수 있을 것이다. 그리하여 그것이 고구려 후대의 사관(史官) 등에 의해 꾸며졌다고 볼 수 없음을 저절로 알게 될 것이다. 아울러 '해모수는 왜 유화를 버리고 하늘로 달아났는지' '유리왕은 왜 수도를 옮겼는지' '호동왕자는 정말 낙랑공주를 사랑했는지' 등과 같은, 그동안 피상적으로 알아온 많은 사실들의 진실을 발견하는 기쁨과 더불어, 국가가 탄생하는 대변동의 시기에 고구려 초기 사람들이 어떻게 살았는지를 보게 될 것이다. 그리고 무엇보다도 말 많은 그리스신화보다 더 아름답고 흥미롭게 구성되어, 우리에게 힘을 주고 민족적 긍지를 느끼게 하는 '매우 긴' 우리의 신화, 나 자신이 처음으로 완전한 체계로 복원한 주몽신화를 만나 공감을 나눌 수 있을 것이다.

나는 과거와의 대화에 그치지 않고 옛사람들과 함께 호흡하는 자세로 주몽신화의 시대를 역사의 시대로 되찾을 수 있었다. 이 책의 미흡함이야 적지 않지만, 평소의 저술동기이기도 한 고구려 초기 역사에 대한 '나 자신의 궁금함'이 풀렸다는 데 만족하며 감히 독자들의 일독을 바라는 것이다. 아울러 옛사람뿐 아니라 오늘날의 일반독자들과도 호흡을 함께 하기 위해 이야기식으로 쉽고 재미있게 풀어쓰고자 노력하였음을 밝힌다.

늘 고마운 아내 권혜경과 어느덧 조언자로 자란 영종과 영인 두 아이들, 사진자료를 제공해준 전호태 교수와 여호규 교수, 지난번에 이어 이번 책도 함께 만들어준 강일우 씨와 김정혜 씨 그리고 창작과비평사의 관련자 여러분께 깊은 감사를 드린다.

2002. 4. 23

저자 김기흥

책머리에

차

례

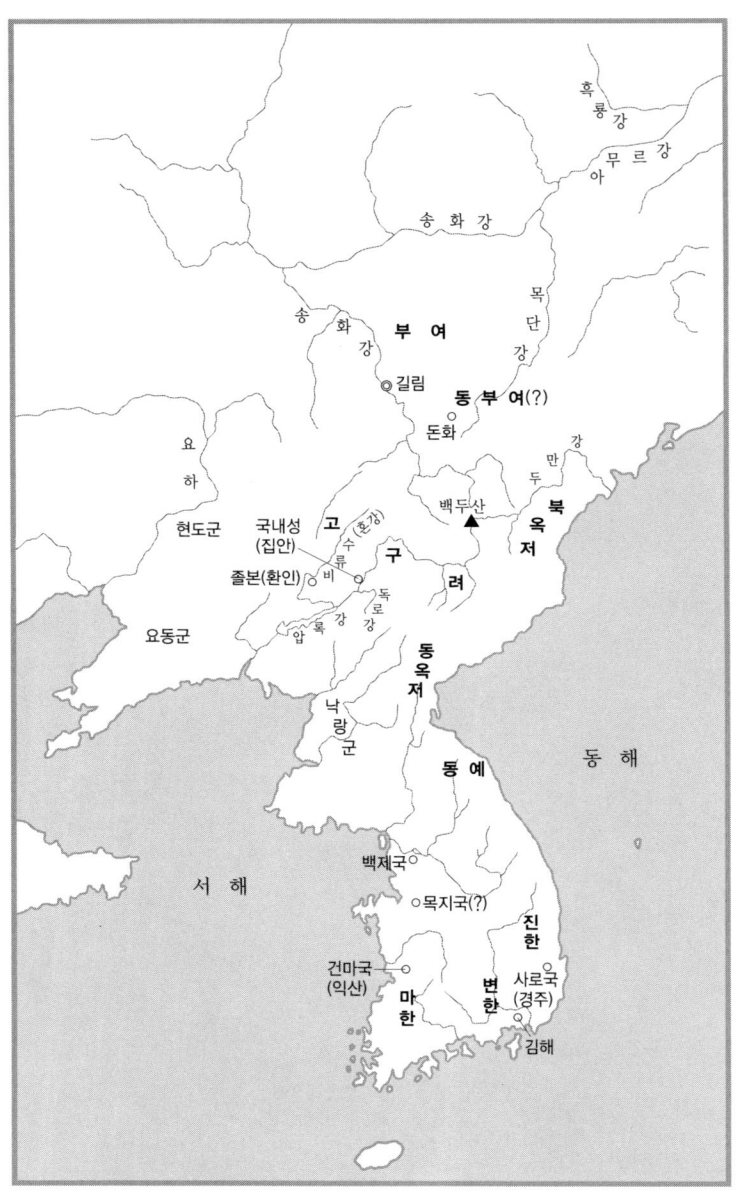

기원전후 만주와 한반도의 정치상황

왕자 주몽, 동부여를 떠나다

지금부터 2040년 전인 기원전 38년, 가을이 깊어가는 만주 송화강변(松花江邊)에 네 명의 청년이 숨차게 말을 몰며 나타났다. 저 멀리서 군사로 보이는 십여 명이 말을 몰고 추격해오면서 소리를 질러 말했다. "왕자마마 멈추십시오. 돌아오시라는 태자마마의 명이십니다."

그러나 네 젊은이는 아무런 대꾸를 하지 않은 채 강가를 달리다가 물길이 얕은 곳을 재빨리 찾아 쏜살같이 강을 건넜다. 뒤이어 강변에 도착한 추격해온 병사들이 어찌할 바를 몰라 머뭇거리니, 지휘관인 듯한 이가 말했다. "이 강 너머는 우리나라의 영향력이 미치지 않는 곳이다. 따라서 동부여(東扶餘)의 군사인 우리가 함부로 강을 넘을 수는 없다. 어찌할 수 없구나. 돌아가자." 그러자 다른 한 병사가 말을 받았다. "그렇다고 주몽(朱蒙) 왕자님을 놓쳐 보내면 태자마마께서 크게 노하실 텐데 군복을 벗고서라도 강을 건너 추격하면 어떻겠습니까?" 그 지휘관은

"주몽왕자님이 동부여 땅을 떠나 졸본부여 쪽으로 향하셨으니 태자마마도 달리 걱정할 일은 없게 되었다. 그러니 그만 물러가자. 만약 옷을 벗고 강을 건너 깊이 추격해 들어갔다가 날이 어두워지면 몹시 추워질 텐데 그땐 정말 얼어죽는 수가 있다. 돌아가자"라고 하며 먼저 말머리를 돌렸다. 병사들은 아쉬운 듯 몇차례 뒤돌아보더니 곧 오던 길로 말을 재촉하여 돌아갔다.

강을 건넌 네 청년은 강 언덕에 모여 추격군의 행동을 유심히 지켜보다가 동부여의 병사들이 돌아가자 말에서 내려 말에게 물을 먹이며 잠시 숨을 돌렸다.

한 청년이 말했다. "왕자님, 어찌 그리 재빠르게 강의 얕은 길을 아시고 앞장서 건너셨습니까?" 왕자라고 불린 청년이 대답했다. "저기를 돌아보아라. 물결이 이쪽 강 언덕에서 저쪽 언덕으로 굽이쳐 띠처럼 보이지 않느냐. 그곳은 바로 흙과 모래가 쌓여서 수심이 얕은 곳이지. 그런데 내가 조금 전 먼저 강변에 도착해서 건널 곳을 찾는데 마침 그 굽이진 물줄기가 보이지 않겠니? 더구나 비늘을 번득이는 물고기떼가 마침 그곳을 지나면서 그 모습이 햇빛에 비쳐 눈이 부셨지. 그래서 길이 될 만하다고 여기고 그곳을 향해 말을 몰았던 것이다. 내 눈이 정확했는지 아니면 하늘이 나의 길을 인도하시려고 물고기떼를 보내셨는지는 모르겠지만 그래서 무사히 건널 수 있었던 것이다. 너무 신통하게 생각지는 말아라."

다른 청년이 말했다. "아니 그래도 그게 아무나 순간적으로 알아낼 수 있는 일인가요? 건너야 할 큰 강은 앞에 있지요, 군사들은 바로 뒤에서 쫓아오지요, 사실 저는 흐르는 강물밖에는 아무것도 보이지 않았습니다." 다른 두 청년도 "맞습니다. 정말 아찔했습니다" 하고 말을 받았다.

다시 한 청년이 말했다. "하늘이 왕자님을 도우시는 것입니다. 앞으로 하실 일이 잘될 것 같은 확신이 섭니다. 왕자님과 함께라면 무슨 일인들 못하겠습니까?" 다른 청년이 받아 말했다. "맞습니다. 왕자님의 놀라운 판단력과 용기를 보니 저도 이제는 확신이 섭니다. 왕자님, 이제 힘을 내서 이 국경을 더 멀리 벗어나 목적하신 대로 홀본(忽本, 흔히 졸본卒本으로 씀) 쪽으로 가보시지요." "좋다, 가자." 왕자라고 불린 청년은 이렇게 대답하고 말을 타고 앞장을 서 달려갔다.

네 명의 청년은 동부여에서 도망쳐 달아나던 참인데, 일행을 이끄는 지도자는 바로 동부여 금와왕(金蛙王)의 후궁의 아들인 왕자 주몽이었고 다른 세 청년은 오이(烏伊), 마리(摩離), 협부(陜父)라는 그의 친구들이었다. 이들의 나이는 스무살쯤으로 모두 건장하고 호걸스런 모습을 지니고 있었다.

오이와 마리, 협부는 이후 주몽을 도와 고구려를 건국하는 데 큰 활약을 하게 된다. 이들은 후에 졸본(홀본, 지금의 환런桓仁)에 가서 살면서 동부여를 탈출하던 때의 일을 자주 회상했는데, 주몽이 앞서서 송화강을 단숨에 건넜던 이 놀라운 사실도 재미있게 이야기하곤 하였다. 이 이야기는 사람들의 입에서 입으로 옮겨지며 더욱 신비하게 꾸며졌다. 그리하여 주몽이 고구려를 건국하는 과정에서 만들어진 주몽신화에는 이 장면이 아주 극적으로 표현되었다. 고려시대의 이규보(李奎報)가 지은 「동명왕편(東明王篇)」이라는 장편서사시에 전하는 주몽신화에는, 주몽이 강을 건널 수 없어 채찍으로 하늘을 가리키며 하늘과 땅에 도움을 청하니 물고기와 자라가 나와서 다리를 만들어주어 건널 수 있었다고 하였다.

당시의 동부여가 지금의 어디에 있었는지는 기록이나 유물의 증거가 확실치 않아 학자들간에 의견이 일치하지 않지만, 본래의 부여는 송화강이 지나는 만주의 길림(吉林, 지린)에 있었고 그 동쪽의 돈화(敦化, 뚠화)에 동부여가 있었다고 보는 학자들도 있다. 이때의 동부여왕은 '금개구리'라는 뜻을 가진 금와왕이었다. 금와의 집안은 아버지인 해부루(解夫婁)왕 때까지는 본래의 부여인 길림 지방에서 대대로 왕노릇을 하고 있었다. 해부루왕이 다스리던 무렵, 다른 나라로부터 어떤 영웅이 말과 수레를 탄 1백여 명의 부하를 이끌고 부여를 침략했다. 그는 스스로를 하늘의 아들이라고 칭하며 왕국을 차지하였다. 당시 사람들은 하늘의 해를 하느님의 아들이라고 생각하였고 그래서 그 사람은 해를 뜻하는 '해모수(解慕漱)'라는 이름을 갖게 되었다고 한다.

쳐들어온 자들이 불과 1백여 명이라고 하면 그들의 무력은 매우 약했다고 볼 수 있다. 그러나 당시는 나라가 크지 않고 철기가 이제 막 보급되던 시기라서 성능 좋은 무기가 거의 없는 상태였다. 이런 상황에서 말과 수레를 타고 선진지역의 철기로 무장한 군사 1백여 명이란 실로 감당할 수 없는 큰 적이었을 수도 있다.

침략군을 당해낼 수 없었던 해부루는 하는 수 없이 태자인 금와를 위시해 백성들의 일부를 이끌고 부여의 동쪽 땅인 돈화에 와서 자리잡고 나라를 이어나갔다. 이 나라를 동쪽에 있는 부여라는 뜻에서 동부여라고 한다.

그런데 본래 돈화지역에 살고 있던 사람들은 해부루를 그리 탐탁지 않게 여겼을 것이다. 자신들과 특별한 관련도 없는데 다른 영웅에게 쫓겨와서 갑자기 그 지역의 왕이 되었으니 크게 반가울 리 없는 것이다. 그런데 다행스럽게도 해부루가 뒤늦게 얻은 아들 금와는 매우 현명하였다. 금와는 해부루가 부여족들에게는 영험한 곳으로 잘 알려진 금와산에서 기도하여 얻은 아들이었다. 한편에서는 해부루가 아들을 얻기 위해 기도하러 다니던 중 곤연(鯤淵)이라는 큰 호숫가에서 눈물을 흘리는 바위 밑에서 발견한 아들이라는 말도 퍼져 있었다. 옛날사람들은 이렇게, 평범하게 태어나는 보통사람과는 달리 하늘이 극적으로 내려주었다고 여겨진 자를 흔히 왕이나 지도자로 삼았기 때문에, 동부여 사람들은 늙은 해부루보다는 하늘이 내렸다는 이 현명한 왕자에게 기대를 걸고 희망을 가졌던 것이다.

금와는 동부여 즉 돈화지역 출신 유력자의 딸을 왕비로 삼았을 것이다. 그래서 금와에 대한 주민들의 애정과 믿음은 더욱 확실해졌다. 금와는 백성을 사랑하며 농사와 목축에 힘써서 나라를 부강하게 만들어갔다.

금와왕에게는 두 왕비가 있었다. 그중 정실왕비에게서 태자인 대소(帶素)를 포함하여 일곱 명의 왕자를 두었고, 북부여라고도 불리는 본래 부여의 수도인 길림지역 출신으로 여겨지는 후궁에게서 추모(鄒牟)라고도 불리는 주몽을 얻었다. 어머니가 후궁인 주몽은 정확히 말하자면 금와왕의 서자(庶子)였던 것이다.

주몽의 어머니가 북부여 출신일 가능성은, 신화에서 주몽을 북부여 계통 사람으로 말하고 있는 점으로 미루어 짐작할 수 있다. 부여나 고구려에서는 결혼을 하면 신부집에서 아이를 낳고 그 아이가 어느정도 자란 이후에야 남편의 집으로 와서 살았다. 주몽을 북부여 계통으로 말한 것은 그의 외가가 북부여에 있어 그가 그곳에서 태어나고 어린 시절을 그곳에서 지냈기 때문일 듯하다. 물론, 신화에서는 북부여의 하느님의 아들이라는 해모수를 그의 아버지로 설정하고 있기 때문에 그렇게 된 것이기도 하다.

주몽을 금와왕의 서자로 보는 데도 이유가 있다. 신화가 사실을 그대로 반영하는 경우도 있지만 그렇지 않은 경우도 많은데,

주몽신화에는 주몽과 금와왕의 관계가 매우 모호하고 독특하게
나온다. 신화에 의하면, 주몽은 햇빛에 의해 잉태되어 동부여왕
의 별궁(別宮)에서 태어나고 금와왕의 아들이 아닌데도 왕자들
과 같이 생활한다. 주몽의 어머니인 유화(柳花)는 금와왕의 별
궁에서 살다가 죽어서는 동부여 태후의 예로써 장례가 치러졌다
고 한다. 이것은 상식적으로 보아 있을 수 없는 일인데, 사실인
즉 주몽의 어머니는 금와왕의 후궁으로서 별궁에 산 것이며, 주
몽은 서자지만 왕자라서 다른 왕자들과 사냥도 하며 생활을 같
이하였던 것이다. 주몽신화는 주몽이 왕의 서자라는 신분상의
흠을 하늘의 아들이라는 논리로 꾸미는 과정에서 이렇게 모호한
가족관계를 그리게 된 것이다.

주몽은 활을 매우 잘 쏘았다. 백발백중의 명궁이었다는 그는
일곱살 때부터 자신에게 알맞은 작은 활을 직접 만들어 사냥에
나설 만큼 빼어난 솜씨를 갖고 있었다. 그리하여 『삼국사기』 동
명성왕 본기에 보이는바, 그의 원래 이름으로 보이는 '상해(象
解)'는 거의 사용되지 않고 옛날 부여말로 '활을 잘 쏘는 자'라는
뜻인 '주몽(朱蒙)'이 본이름처럼 불린 듯하다.

지금의 만주에 있던 부여와 동부여 그리고 만주와 한반도에
걸쳐 자리한 고구려에서는 주로 농사를 지었지만 목축이나 사냥
도 중요한 생활수단의 하나였다. 보리나 밀, 콩, 조 등을 재배하
여 곡식을 얻는 한편 말이나 돼지 등을 키우고 사슴이나 담비,

무용총의 「수렵도」 중 활쏘는 무사. 우리 민족은 예로부터 활 잘쏘는 민족으로 알려져 있었고, 고구려 사람들은 특히 활쏘기에 능해서 시조의 이름도 '주몽'(활 잘 쏘는 사람)이다.

기타 각종 새 종류를 사냥하여 고기는 식량으로 쓰고, 그 가죽으로는 옷을 만들어 입거나 다른 물건과 바꾸어썼다. 또한 그 지역들은 산이 많은 곳이라서 전쟁을 하는 경우에도 평지에서 싸우는 중국의 경우처럼 마주 대하여 칼이나 창으로 싸우기보다는 멀리서 쏘는 활을 주무기로 사용하였다. 그러므로 활을 잘 쏘는 사람은 그 사회에서 아주 필요성이 큰 사람으로, 영웅으로 대접받았다.

백제와 신라에도 산이 많은 관계로 곳곳에 산성을 쌓아 그곳에 진을 치고 전투를 하곤 하였다. 그래서 이들 나라에서도 역시 무기로는 칼이나 창 못지않게 활이 많이 사용되었다. 산골짜기에서는 칼이나 창으로 싸우는 것보다는 멀리서 화살을 쏘아 적을 무찌르는 것이 효과적이었다. 중국의 장수들이 칼이나 창을 잘 사용하는 데 비해 우리나라에는 활을 잘 쏘는 명궁의 이야기가 많이 전하는 것은 이 때문이다. 주몽은 그 가장 대표적인 인물의 하나인데, 이같이 활을 많이 사용하던 조상들을 둔 우리나라 사람들의 활솜씨는 지금까지 이어져서 세계적인 양궁선수들을 많이 배출하게 된 것이다.

사냥을 많이 하던 동부여에서 활을 잘 쏘는 주몽은 당연히 인기가 매우 높았던 반면에 활솜씨가 뒤떨어진 그의 이복형제들은 인기가 없었다. 또한 아버지의 사랑도 주몽이 훨씬 더 받았다. 형제들은 그를 미워하게 되었다. 그러다가 주몽의 나이가 스무살에 이르자 그들은 주몽이 혹시 아버지를 이어 왕이 되지 않을까 마음을 졸이게 되었다. 이복형제들은 주몽의 조그만 잘못도 아버지에게 일러바치며 주몽에 대한 아버지의 사랑을 떼어놓으려고 하였다.

왕이 될 가능성이 매우 큰 태자 대소에게는 이미 따르는 사람들이 많이 있었다. 그에 비해 서자인 주몽에게는 젊은 친구들이 몇명 있을 뿐 궁궐 내에서의 정치적 힘은 거의 없었다. 금와왕이 나이 들어갈수록 아들의 목숨조차 유지하기 어려운 일이 벌어질 가능성이 커지자 주몽 어머니의 걱정은 날로 깊어졌다.

주몽의 어머니는 어느날 아들을 불렀다. 그리고는 "네가 이제 스무살이 넘었다. 대장부가 큰뜻을 품고 그것을 실천해볼 때가

왕자 주몽, 동부여를 떠나다

된 것이다. 그런데 네가 이곳에 있다가는 살아남기도 힘들 것이다. 그러니 너의 마음에 맞는 친구들과 이곳을 떠나라"라고 일렀다.

주몽은 "어머니를 홀로 이곳에 두고 소자만 안전하기 위해 떠날 수는 없습니다"라고 말하며 주저했다. 그러자 어머니는 말했다. "이곳에 있으면 너는 결국 죽임을 당할 것이다. 그렇게 되면 나도 안전할 수 없다. 그리고 아직은 너의 아버지 금와왕이 살아 계시니 누구도 나를 어찌할 수는 없다. 내가 너를 임신할 때에 하늘에서 해가 쫓아와서 아무리 피하려 해도 결국 내 품에 들어온 후 너를 갖게 되었으니 너는 사실 하늘의 아들이다. 하늘의 아들이 어찌 다른 사람 밑에서 신하노릇을 할 수 있겠느냐. 너는 왕이 될 운명을 타고서 이 땅에 내려왔으니 새롭게 너의 왕국을 만들어야 한다. 그것이 하늘의 뜻이다."

전에도 자신의 태몽 이야기는 들었지만 그 꿈이 새 나라의 왕이 되라는 하늘의 명〔天命〕과 관련이 있다는 어머니의 이 말씀은 주몽에게 용기와 자신감을 주었다. 아울러 조국을 떠나서 새로운 나라를 건설할 수밖에 없는 자신의 운명을 확실하게 깨닫게 되었다.

그리하여 주몽은 평소에 뜻이 맞던 오이, 마리, 협부 세 친구를 찾아 자신의 뜻을 설명하고 함께 떠나기로 했다. 처가에 살고 있던 아내 예씨(禮氏) 부인에게도 후일에 만날 것을 약속하며 작별을 고했다. 아내는 그때 임신중이라서 도저히 같이 길을 떠날 수 없었던 것이다. 주몽은 어머니가 급히 마련해주신 약간의 금붙이와 몇달분의 식량을 챙겨서 평소에 보아두었던 좋은 말을 골라 타고서 길을 떠났다.

주몽은 오래 전부터 남쪽으로 내려가 살고 있던 부여족들에 관한 소문을 들어 알고 있었다. 그중에는 압록강의 큰 지류인 비류수(沸流水, 혼강渾江)라는 강가에도 많은 부여족들이 살고 있는데, 그때까지도 강력한 왕국을 이루지 못하여 중국 한(漢)나라의 간섭을 많이 받고 산다는 이야기도 있었다. 주몽은 부여족 백성들이 살고 있는 그곳에 가서 동부여보다 더 큰 왕국을 이뤄 대소태자보다 더 훌륭한 왕이 되겠다는 꿈을 갖고 비류수를 향해 떠났던 것이다.

어머니를 이별하고 길을 떠나 한나절쯤 왔을 때 궁궐에서 나온 심부름꾼이 말을 몰고 달려와 어머니께서 보내신 곡식의 종자(種子)를 전해주었다. 아들을 급히 보내다보니 몇달치의 식량만 주고 곡식종자를 주지 않은 것을 아시고, 내년 농사에 쓸 수 있도록 밀과 보리, 조, 콩 등의 종자를 조금씩 보낸 것이다. 주몽은 어머니의 사랑에 흐르는 눈물을 머금고 남쪽에 가서 반드시 새로운 왕국을 건설하여 어머니를 모시러 오겠다고 다짐하며 길을 계속 달렸다.

이민을 가거나 새로운 곳으로 생활의 근거지를 옮길 때 그곳

왕자 주몽, 동부여를 떠나다

에 가서 먹고살 수 있는 방법이 확실해야 하는 것은 너무나 당연하다. 따라서 농사 외에 특별한 생활수단이 없던 아득한 옛날에, 먼곳으로 살 곳을 옮기게 될 때 다음해 농사에 필요한 곡식의 종자를 가지고 가는 것은 매우 중요한 일이었다. 주몽의 어머니가 종자를 전해준 이 사실은 주몽신화에도 보이는데, 거기에서는 사람이 아니고 비둘기가 곡식종자를 전해주는 재미있고 신비한 이야기로 나온다. 고구려가 건국된 후 농업의 비중은 더욱 커져 갔다. 따라서 주몽의 어머니가 아들에게 곡식종자를 전해준 사실은 매우 의미있는 것으로 받아들여져서, 고구려에서는 주몽의 어머니 유화를 신모(神母)라고 부르며 국모(國母)이자 땅의 신이며 농업의 신으로 극진하게 섬겼다.

그런데 뒤늦게 주몽이 왕궁을 빠져나가 도망했다는 소식을 들은 태자 대소와 다른 왕자들은, 자신들과 사이가 좋지 않은 그가 동부여를 떠나 만약 외가가 있는 북부여(부여)로 도망하게 된다면 언젠가는 자신들에게 복수하러 올 것을 걱정하였다. 그리하여 자기의 심복부하들로 하여금 그를 뒤쫓아 죽이도록 한 것이다. 그러나 그들은 결국 주몽을 잡지 못하고 돌아가고 말았다.

모둔곡에 이르러 세 족장을 얻다

강변을 떠난 네 청년은 며칠을 말을 달려 드디어 목적지인 비류수에 가까운 모둔곡(毛屯谷)이라는 곳에 도달하였다. 모둔곡 골짜기에는 마침 사람들이 나와서 사냥을 하고 있었다. 네 청년은 지휘자들이 있는 곳인 듯한 집으로 찾아갔다.

임시로 만든 이 집에는 세 사람이 앉아 있다가 일어서며 다가왔다. 그들은 소박하면서도 의젓한 태도를 지니고 있었다. "당신들은 누구십니까?" 그중에 삼베로 만든 겉옷을 입은 사람이 물었다. 주몽은 주저하지 않고 "나는 동부여의 왕자요. 비류수가에 우리 부여의 백성들이 많이 내려와 산다고 하여 그들을 다스리기 위해 이곳에 오게 되었소" 하고 말했다. 주몽 일행의 행동을 조심스럽게 살피던 그들은 당당한 주몽의 태도와 분명한 말소리에 일단 기가 꺾여 공손한 자세로 주몽 일행을 대하였다. 주몽은 자신이 이곳에 온 이유를 좀더 자세히 말하고, 그들은 누구이며 어떻게 이곳에 살게 되었는지를 물었다.

그중에 삼베로 된 겉옷을 입은 사람이 말했다. "저희 조상들도 부여에서 왔습니다. 저희들은 이 부근에서 몇대째 살고 있는데 이곳 작은 마을들의 족장들입니다. 제 이름은 재사(再思)라고 하오며 저 검은 옷을 입은 사람은 무골(武骨)이라고 하옵니다. 그리고 물풀색 옷을 입은 이는 묵거(默居)라고 하옵니다." 무골이라는 이가 말했다. "이런 곳에서 우리 조상님 나라의 왕자님을 뵈오니 감격스러울 따름입니다. 백성의 수도 적고 비좁은 곳이지만 사정이 허락하신다면 저희들과 함께 계셔도 좋겠습니다."

오랜 여행에 지친 주몽은 같은 부여족을 만나 우선 좋았던데다 그들이 따뜻한 마음으로 자신을 대해주자 일단 이곳에 자리를 잡기로 마음을 먹었다. 이곳은 부여족이 많이 살고 있는 비류수가에 가까우니 그곳 백성들은 후일에 차지해도 되겠다는 생각이 들었다. 그리하여 주몽은 "좋소. 그대들은 본래 부여의 백성이니 어찌 내가 그대들의 청을 저버릴 수 있겠소? 할아버지인 해부루왕 때에 외적의 침략이 있어 부득이 동부여로 이주하여 지금까지 그곳에서 백성들을 다스리고 있지만, 나의 조상들은 대대로 부여왕국의 왕이었소. 따라서 따지고 보면 그대들의 조상은 나의 조상인 부여왕들의 백성이었으니 그대들은 곧 나의 백성이 아니겠는가. 일단 이곳에 머물면서 기회를 봐 비류수가의 부여 백성들도 더 많이 모아서 나의 왕국을 만들도록 하겠소"라고 말했다.

세 족장과 주민들은 이곳에 머물게 된 주몽을 지극한 정성으로 모셨다. 그러자 주몽은 충성스런 세 족장들에게 성씨(姓氏)를 내려주었다. 본래 옛날 중국에서 천자(天子)라고 불린 왕은 공로가 많은 신하에게 성씨를 내려주어 그 사람의 친족이 그저 평범한 사람이 아니라 왕으로부터 공로를 인정받은 자의 일가임을 알렸다. 그리고 성씨가 있는 사람들에게 관직을 주어 나라 다스리는 일에 참여하도록 했다. 쉽게 말하면 성씨가 있어야 귀족이고, 장차 관리가 될 수 있었던 것이다.

당시 중국 한나라와의 외교와 무역을 통해 중국의 제도를 잘 알고 있던 부여족들 가운데 일부 귀족들은 이미 성씨를 갖고 있던 듯한데, 주몽은 졸본지역을 지나 압록강으로 흘러드는 비류수 유역의 모둔곡에서 처음으로 만난 신하들에게 바로 성씨를 주어 그들이 앞으로 주몽이 왕이 될 나라에서 귀족이 되도록 해 주었던 것이다.

재사에게는 신중하고 지혜롭다고 하여 능히 이긴다는 뜻의 극(克)씨를, 무골에게는 그의 집이 아마도 그 지역에서 두번째로 컸던지 중실(仲室)씨라는 성을 주었고, 묵거에게는 그 집이 무골의 집에 비해 작았던지 소실(少室)씨라는 성을 주었다. 큰집이라는 뜻의 대실(大室)씨도 마땅히 있어야 할 것인데 그 성씨는 대무신왕 때에 다른 사람에게 준 사실이 뒤의 기록에 보인다.

동부여의 왕자로부터 성씨를 받아 귀족이 된 세 사람은 너무나 기뻤다. '골짜기에서 농사나 짓고 사냥이나 해 먹고사는 우리에게 성씨를 주시다니 정말 고마우신 일이야. 충성을 다해야지.' 이렇게 마음먹은 세 사람은 이후 주몽에게 그야말로 충성을 다 바쳤다.

주몽의 납하 전에도 고구려는 있었다

모둔곡에 머물면서 주몽은 비류수가에 있는 부여족들의 형편을 제대로 알게 되었다. 그곳에는 강가의 들을 끼고 이미 여러 마을이 있었으며, 이 마을들은 인접해 있는 강이나 내를 뜻하는 나(那) 혹은 노(奴)라는 말을 뒤에 붙여 '소노(消奴, 혹은 소나消那)' '관나(貫那, 혹은 관노貫奴)' 등으로 불리고 있었다. 그중에서 큰 마을들은 주위의 작은 마을들을 지배하며 나라를 이루고 있는 것도 알게 되었다. 그 나라들 중에 비류국(沸流國)이라고도 불린 송양국(松讓國)은 오래된 나라의 하나로, 비류수가에서 가장 국력이 강하고 중국 한나라와도 외교와 무역을 하는 등 꽤 나라의 체계를 갖추고 있었다.

흔히 고구려는 주몽이 최초로 건국한 나라로 알고 있다. 그러나 기원전 108년에 중국의 한나라는 고조선을 멸망시킨 후 한사군(漢四郡) 중 낙랑군·임둔군·진번군의 세 군을 먼저 설치하였다. 그리고 그 다음해인 기원전 107년에 현도군(玄菟郡)을 설치했는데, 바로 그 군에 속한 현 중에 고구려현(高句麗縣)이 있어서 현도군의 소재지가 되었다. 원래 현도군이 있던 자리나 고구려현의 위치가 어디인지는 자료가 거의 없어 명확히 알 수는 없다. 다만 현도군에는 고구려현·상은태현(上殷台縣)·서개마현(西蓋馬縣)의 3개 현이 있었는데, 군현이 설치된 지역인 압록강 중하류 부근 지방에는 모두 3개의 큰 강이 흐르고 있어서, 3개의 현과 3개의 강이 연관성이 있으리라 짐작된다.

3개의 강은 압록강을 포함해 만주지역의 환인현 일대를 흐르는 혼강(비류수) 그리고 평안북도의 강계 일대를 흐르는 독로강 등이다. 현도군의 3개 현은 이들 강을 따라 형성된 마을들을 엮어 편성된 것으로 여겨진다. 그중 고구려현은 이들 세 강 중에 가장 중심이 되는 압록강 중하류가의 마을들로 이루어졌을 것으로 보이는데, 뒤에 고구려의 수도 국내성이 자리잡은 지금의 집안(集安, 지안)지역이 그 현의 중심지였을 가능성이 있다고 보인다. 상은태현이나 서개마현은 혼강과 독로강 유역 마을들로 이루어졌을 듯하다.

따라서 고구려라는 세력집단은 주몽이 태어나기도 전에 압록강 중하류에 있었던 것이다. 고구려란 이름의 본뜻에 대해서는 '으뜸이 되는 고을[上邑, 首邑]'이라는 설이 있다. '고'는 '위'나 '머리'를 의미하며, '구려'는 고구려에서 성을 뜻하는 '구루(溝漊)'나, 골이나 고을을 의미하는 '홀(忽)'과 같은 뜻이라고 보는 것이다. 따라서 본래 고구려는 뒤에 고구려 국가를 구성하게 되는 부여계 예맥족 사회(이하 원고구려原高句麗라 부른다)에서 가장 세력이 강해 으뜸이 되는 고을의 이름이라는 것이다.

현도군이 만들어질 때 설치된 고구려현은, 바로 부여계 원고구려인들 중에서 가장 세력이 큰 압록강가에 있던 주민집단의 명칭인 '고구려'를 그대로 따서 붙인 것인데, 당시 현도군 내에서 군 소재지의 역할을 한 중심적인 현이기도 하다. 그러다가 기원전 75년 원고구려 주민들이 봉기하여 현도군을 중국 방향으로 몰아내는 과정에서, 고구려현에 속하던 고구려 세력이 분열하여 일부 흩어지고 중국 군현과의 충돌로 많은 사상자를 내면서 그 집단은 인구와 세력이 크게 줄어든 듯하다. 현도군에 포섭된 일부 세력은 요동군 가까이로 이전한 현도군을 따라가서 적은 인구지만 그들을 기반으로 고구려현이 다시 설치되었고, 다른 곳에 있던 상은태현과 서개마현도 비슷한 과정을 통해 이전하여 재설치되었다.

현도군이 이전한 뒤에도 현도군과 원고구려 세력 간에는 서로의 필요에 의해 외교와 무역이 지속되었다. 이때 현도군에서는 원고구려 지역에 여전히 남아 있던 모든 부여계 예맥족을 과거의 대표적인 세력집단의 이름을 따라서 고구려라고 부른 듯하다. 그곳의 주민들도 자기가 사는 마을의 이름은 별도로 있는만큼 이 지역 일대의 모든 부여계 세력을 고구려라고 부르는 데 별다른 이견을 갖지 않았던 것으로 보인다. 그래서 중국측에서도 고구려 세력집단 안에 가장 강력한 족장이나 왕에게는 고구려왕(高句麗王)이란 호칭을 주어 대접하고, 그보다 세력이 작은 자들에게는 고구려후(高句麗侯) 등의 호칭을 주어 외교관계를 유지했던 것이다.

현도군의 이전과 함께 재설치된 현들은 실제 원고구려인들을 다수 지배하지는 못했지만, 안전의 확보와 문물교류의 필요성에 의해 여전히 본고장에 있던 원고구려인들과 왕래하면서 물건을 사고 팔고 외교교섭도 하였다. 그런데 실제상의 문물교류와 외교교섭에서 곧 두 현은 제외되고, 다만 현도군의 중심현인 고구려현의 현령(縣令)이 원고구려 족장들의 명단을 작성해두고 그들의 사자(使者)들의 군현 출입을 관리하였다. 고구려현의 현령은 물론 중국인 출신의 관리였다.

주몽이 비류수가에 나타난 즈음에는, 졸본의 북쪽 비류수의 지류인 부이강(富尒江)가에 있었다고 여겨지는 송양국이 원고구려 사회에서 가장 세력이 커져 있었다. 그래서 이 송양국은 중국과의 외교교섭과 문물교류에서 대표적인 위치를 인정받았고 그 왕은 고구려왕으로 행세하였다. 송양왕은 송양국(소노부)의 왕이면서 동시에 부여족들의 마을로 이루어진 원고구려 사회의 연맹장의 위치에 있었던 것이다.

이때에 압록강 중상류와 혼강 및 독로강의 강변 마을들로 구성된 원고구려 사회는 사실 송양왕을 중심으로 느슨한 연맹을 이루고 있었는데, 그런 까닭에 기원전 1세기의 원고구려 사회를 고구려연맹이라고도 부를 수 있다. 당시의 큰 마을들은 이웃의 작은 마을들을 거느리면서 스스로 '나라'로 자부하기도 했는데, 점차 연맹장의 권력이 강화되면서 연맹장인 왕만을 국왕이라고 부르고 고구려연맹 전체만이 국가라고 말하게끔 되었다. 그렇게 되자 큰 마을들은 나라라고 하기보다는 소노부(消奴部)·절노부(絶奴部)·관노부(貫奴部)·순노부(順奴部)·계루부(桂婁部)와

같은, 고구려국을 구성하는 부분이라는 의미를 가진 부(部)로 불리게 되었다.

그런데 곧 뒤에 보겠지만 주몽의 아들인 유리왕 때에 유리왕이 소속되고 다스리던 계루부가 고구려연맹 안에서 송양왕이 다스리던 송양국을 제치고 고구려연맹의 중심적 지위를 차지하게 되었다. 고구려연맹의 맹주노릇을 하게 된 유리왕은 자신의 아버지 주몽이 비류수가에 도착하여 정치를 시작하던 그때로부터 자신이 다스리던 고구려의 역사가 시작되었다고 여겼다. 이러한 인식은 후대 왕들에게도 이어져서 주몽왕보다 앞에 있었던 송양국 등이 중심이 된 역사는 고구려사에서 제외되고, 결국『삼국사기』등에는 주몽이 졸본에 이르러 나라를 연 기원전 37년을 고구려 건국의 해로 전하게 된 것이다.

졸본부여의 소서노와 결혼하다

다시 이야기는 옛날로 돌아가서, 모둔곡에 자리를 잡은 주몽은 어느날 비류수 유역에서 가장 강한 나라인 송양국을 무너뜨릴 방법이 무엇인지 신하들에게 물었다. 생각이 깊은 한 신하가 말했다. "송양국은 쉽게 무너뜨릴 수 있는 나라가 아닙니다. 송양왕은 사실 우리와 같은 부여족이 아닐지도 모르겠습니다. 그는 자신이 지금은 망해버린 조선(고조선)의 왕인 단군(檀君)의 후예라고 주장합니다. 비류수가 흐르는 이 지방은 사실 과거에 조선의 영토라고 할 수 있는 곳이므로 그의 주장이 근거가 없다고만 할 수는 없습니다. 조선사람들은 자기들을 지배한 왕을 단군이라고 부르고, 단군을 하느님의 후손이라고 여겼답니다. 그런데 후대의 어느 때에 결국 나라를 잃게 되자 그 마지막 단군은 산으로 들어가서 신선이 되었다고 합니다. 저희들도 조선이라는 나라가 요동에 있다가 뒤에 낙랑(지금의 평양)으로 옮긴 후 망했다는 이야기는 들었는데, 송양왕은 자신이 그 단군의 후예라고 주장하는 것이지요. 꾀도 많고 정치도 잘하니 사람들이 믿고 잘 따르고 있습니다. 더구나 송양국은 외부에서 침략하기 어려운 곳에 자리하고 있고 백성의 수도 많아서 우리 마을 사람들만으로는 공격할 엄두도 낼 수 없습니다. 따라서 시간을 갖고 기다리며 실력을 길러 기회를 보아야 할 것입니다."

비류수가에 사는 부여족의 사정을 막연히 알고 곧바로 그곳에 가서 왕이 되겠다는 생각을 갖고 왔던 주몽은 자신의 생각이 성급했음을 알게 되었다. 송양왕은 생각보다 훨씬 강한 세력을 쌓아온 왕이라서 자신이 그를 쉽사리 물리치고 왕노릇을 할 수 있는 형편이 아니었다. 언젠가 비류수가에 살고 있는 부여족 사람들을 다 지배하여 대소태자가 이어받을 동부여보다 더 큰 나라를 세우기 위해서는 차근차근 세력을 쌓아가는 수밖에 없다는 사실을 깨달은 것이다.

주몽이라는 활 잘 쏘는 동부여의 왕자가 왔다는 소문은 부근의 부여족 사람들에게 점점 알려졌다. 어느날 비류수의 '서쪽에 있는 큰 마을〔서노西奴〕'의 족장인 연타발(延陁勃)이 사람을 보내왔다. 서노는 비류수가 졸본의 강 서쪽에 있는 꽤 큰 마을로 비류수 유역 인근에서는 송양국에 다음갈 정도의 세력을 가지고 있었다. 그리하여 그들 스스로는 '서국(西國)'이라고도 자처하고 졸본에 있는 부여족이라는 뜻에서 '졸본부여(卒本扶餘)'라고도 하였다. 연타발은 자신의 둘째딸인 소서노(召西奴)가 결혼한 지 얼마 되지 않아 그만 남편이 죽었는데 주몽이 그녀와 결혼을 하면 어떻겠냐고 물어왔다.

주몽은 신하들과 더불어 의논을 하였다. 연상의 과부와 결혼한다는 것은 좀 그렇다고 말하는 사람도 있었다. 『삼국사기』 온조왕 본기 13년조에 의하면 그해에 온조왕의 어머니 즉 소서노가 죽었는데 그녀의 나이가 61세라고 하는바, 계산해보면 그녀는 주몽보다 8세 연상의 여인이었던 것이다. 그러나 신중한 신하들의 생각은 달랐다. 그중 한 사람이 다음과 같이 말했다. "왕자님께서는 동부여에 정실부인이 계십니다. 따라서 이곳에서 한번 결혼했던 여인과 결혼한다는 것은 문제가 될 수 없습니다. 두 분의 나이차이도 그렇게 크다고 볼 정도는 아닙니다. 더구나 족장 연타발은 졸본에서는 전통있는 집안 사람입니다. 그런 집안과 결혼하여 졸본지방에 발을 들여놓는다면 장차 비류수 일대를 차지하는 일은 한결 쉬워질 것입니다. 더구나 연타발의 둘째딸은 아버지가 가장 사랑하고 신임하고 있으며 아주 강건하고 적극적인 사람이라서 작은 족장이라고 불릴 정도입니다. 만약 그녀와 결혼하신다면 왕자님께서는 곧 그 마을들을 넘겨받으실 수 있을 것입니다. 그렇게 되면 송양국을 물리치고 이곳의 부여족들을 모두 지배할 수 있는 왕이 되는 데 큰 힘이 될 것입니다. 더구나 나라를 굳건히 세우기 전에는 동부여에 계신 부인을 모셔올 수 없을 터인데, 그때까지 혼자 계신다는 것도 백성들 보기에는 좋지 않은 일입니다."

모든 신하들이 이 의견에 찬동하였다. 그리하여 22세의 주몽은 연타발의 둘째딸인 30세의 소서노와 결혼하게 되었다. 그런데 고구려에서는 결혼을 하면 아이를 낳아 그 아이가 어느정도 자랄 때까지 신랑이 신부의 집에 가서 사는 풍습이 있었다. 결혼을 하게 되면 신부의 집에서 울안에 다시 작은 집 한 채를 지어두고 사위와 딸이 살도록 하였는데 이 집을 '사위집' 즉 '서옥(壻屋)'이라고 하였다. 이런 풍습에서 결혼하는 것을 '처가로 간다'는 뜻의 '장가간다'라고 하는 우리말이 생겨났던 것이다.

소서노와 결혼한 주몽은 모둔곡의 사람들과 일단 헤어져서 몇 사람만 데리고 연타발의 마을로 가서 살게 되었다. 비류수의 서쪽에 있는 처가마을은 모둔곡보다는 한결 살기 좋은 곳이었다. 그곳은 상당수의 사람들이 농사를 지을 만한 비교적 넓은 땅과 우뚝 솟은 산이 있어 그런 대로 나라의 터전을 닦을 만하다고 여겨졌다. 주몽은 농사를 짓는 백성들을 돌아보고 때로는 사냥을 하며 언젠가 비류수가의 모든 부여족을 다스리는 왕이 될 날을 기다렸다.

나이 많은 족장 연타발은 동부여의 왕자를 사위로 삼으려 할 때부터 이미 그를 자기 마을의 족장으로 삼고자 마음먹고 있었다. 건장하고 늠름하며 활솜씨가 뛰어난 주몽이 장가온 얼마 후 그는 곧 마을의 족장자리를 사위에게 넘겨주고 뒤로 물러났다.

주몽이 소서노와 결혼해 비류수가 졸본에 처음으로 정착하게 된 이때를 뒷날 고구려 왕국에서는 건국의 해로 인정하게 되었다. 이때가 기원전 37년이었다. 그런데 후대에 고구려의 역사를 편찬할 때는 이때의 일을 자세하게 기록하지는 않은 듯하다. 그 것은 고구려의 제2대 왕인 유리왕(琉璃王)이 주몽의 동부여 출신 부인인 예씨의 아들로, 비류수가에 살던 둘째 부인인 소서노의 아들이 아니었기 때문이다. 소서노가 낳은 아들인 온조(溫祚)는 뒤에 백제를 건국하게 되는데, 그래서 주몽이 소서노와 결혼한 사실은 고구려사가 아니라 오히려 백제사에 자세히 전해진다.

송양왕과 대립하다

어느날 주몽과 부인인 소서노 그리고 가까운 부하들이 고구려연맹의 종주국인 비류수 상류에 있는 송양국에 가보기로 하였다. 상류로 올라가면서 송양국에 가까워질수록 사람들이 살고 있는 흔적이 보이기 시작했다. 채소 잎을 비롯한 쓰레기들도 조금씩 흘러내려왔다. 송양국에 이르자, 북을 치고 뿔나팔을 부는 악대를 앞세우며 많은 병사들을 거느리고 송양왕이 나타나서 주몽 일행을 다소 거만하게 맞으며 물었다. "그대들은 어디서 온 사람들이오?"

주몽은 대답했다. "나는 동부여의 왕자이며 졸본에 있는 서국의 왕이기도 하오. 오늘 그대 왕을 만나 나의 뜻을 말하려고 왔소. 나는 이곳 비류수가에 사는 부여족 백성들을 찾아 나라를 세우려고 동부여에서 왔소. 나의 조상들은 본래 부여의 왕이었으니 이곳으로 이사온 부여족들은 모두 내 조상들의 백성이었소. 그러니 당신은 이곳의 백성들을 나에게 넘겨주시오."

그러자 송양왕이 말했다. "그대가 부여의 왕자라는 증거가 무엇이오? 그리고 설혹 그렇다 하여도 부여가 이미 동부여와 부여로 바뀐 것처럼 이곳도 고구려연맹을 이룬 지 상당한 세월이 흘렀소. 그리고 우리 조상이 이곳에서 왕노릇을 한 지도 몇대가 지났소. 세월은 흐르는 물과 같은데 어찌 흘러간 옛일을 이야기하여 옛 백성을 내놓으란 말이오? 비류수는 비록 긴 강이라고 하지만 이 유역에 두 왕이 서서 두 왕국을 이루고 살기에는 백성의 수도 적고 산물도 넉넉지 않으니 새로 온 그대가 나를 왕으로 받들면 나도 그대를 다른 족장들처럼 예우해주겠소."

주몽은 대답했다. "갑자기 내가 동부여의 왕자라는 증거를 대기는 어렵소. 그러나 만일 하늘이 보낸 나를 인정하지 않고 신(神)의 아들도 아닌 그대가 계속 왕노릇을 한다면 언젠가 하늘이 천벌을 내릴 것이니 알아서 하시오." 송양왕은 큰소리를 치는 주몽을 시험해보기로 하였다. 그리하여 그는 "우리 활솜씨나 겨루어보도록 합시다"라고 제안하였다.

주몽은 흔쾌히 승낙했다. 그리하여 두 사람은 활솜씨를 겨루게 되었다. 아주 먼 옛날의 영웅들은 서로 처음 만나면 이렇게 힘이나 기술을 겨루어보는 경우가 많았다. 그들은 영웅이므로 서로 상대방의 부하가 되기를 싫어했으니 자연히 힘이나 다른 기술 등을 겨루어 누가 더 능력이 뛰어난지를 가려보려 하였던 것이다.

시합은 백 보나 떨어진 곳에 사슴모양을 그려두고 그 배꼽을 맞추는 것이었다. 먼저 송양왕이 한참을 조준한 끝에 활을 당겨 쏘았다. 화살은 배꼽에 명중하지 못하고 겨우 사슴모양 안에 맞았다. 주몽은 말했다. "나는 이 작은 반지를 그곳에 걸어두고 맞추어보겠소. 그러면 실력의 차이가 확실히 드러날 것이오." 주몽은 사슴그림 위에 반지를 걸게 하고 반지를 향해 화살을 날렸다. 화살은 그대로 날아가 반지를 꿰뚫어 깨뜨렸다.

송양왕은 주몽의 솜씨에 놀라서 기가 질려버렸다. 그러나 그도 만만찮은 왕이었다. 얼른 표정을 가다듬고 "그대의 솜씨는 과연 대단하오. 그러나 반지가 깨져버렸으니 내가 다시 쏘아서 우열을 가릴 수는 없게 되었소. 그러니 활솜씨는 이제 그만 겨루도록 합시다. 어쨌든 이런 영웅호걸을 만나보다니 반가운 일이오. 다만 그대는 먼곳에서 이 지방으로 장가를 든 것이고 나는 대대로 이곳에서 왕노릇 하던 집안에서 난 왕이니 그대는 왕으로서의 나의 위신을 존중하여주길 바라오"라고 말했다. 주몽은 거느린 부하들의 수가 송양왕의 부하들보다 훨씬 적어 더이상 어찌할 수 없었다.

주몽은 말했다. "그대가 나의 활솜씨를 본 바와 같이 나는 하늘이 낸 특별한 사람이오. 나는 전통있는 나라인 동부여의 왕자일 뿐만 아니라 우리 어머니가 해가 품안으로 들어오는 꿈을 꾸고 잉태하신 하늘의 아들이오. 그러니 이곳의 왕자리는 언젠가는 나의 것이 될 것이오." 이렇게 말하고 그날은 헤어졌다.

그런데 주몽이 송양왕과의 활솜씨 겨루기에서 크게 이긴 사실은 자연히 그 자리에 있던 사람들에 의해 졸본지방에 소문으로 널리 번져갔다. 그는 하늘이 낸 신궁(神弓)이 틀림없으며 그의 솜씨는 옛날 부여의 시조로 활쏘기의 명수였던 동명(東明)의 솜씨와 같다는 이야기가 만들어지기 시작했을 것이다. 동명은 부여의 시조인데, 활솜씨가 뛰어나 역시 주몽으로 불린 인물이다. 졸본에 와서 나라를 건국하게 되는 고주몽은 동부여의 왕자지만 그의 할아버지까지는 부여의 왕이었던만큼 고주몽은 동명의 후손이기도 하였다.

한편, 명칭이 뒤섞여 쓰인 탓에 혼란스럽기도 한 동명과 주몽의 관계가 어떠한지도 알 필요가 있다. 흔히 동명은 부여의 시조이고 주몽은 고구려의 시조라고 알고 있지만 본래 동명과 주몽은 같은 말이었다고 한다. 주몽이란 이름은 『삼국사기』나 중국의 사서인 『위서(魏書)』에 나오는데, 전자에는 동명성왕(東明聖王)이란 명칭도 나온다. 광개토대왕릉비에는 '추모(鄒牟)'라고 씌어 있으며 일본의 역사서에는 '중모(仲牟)'와 '도모(都慕)'라고 되어 있어 주몽과 동명이 본래 같은 음이었을 가능성이 크다는 것을 보여준다. 조선시대까지도 지금의 '좋다'가 '됴타'로 발음되고 씌었으며, 지금도 평안도 사투리에서는 'ㅈ'을 'ㄷ'으로 말하는데, 이것도 참고가 된다. 더구나 부여의 시조 동명과 고구려의 시조 동명성왕이 다같이 활을 매우 잘 쏘아 '주몽'이라고 불렸다는 점을 보아도 동명과 주몽은 같은 말이었을 가능성이 있는 것이다.

고구려와 백제 왕들의 이름을 보면 후대의 왕이 유명한 조상의 이름을 따서 자신의 이름으로 삼는 경우들이 적지 않았다. 고구려의 동천왕은 유명한 조상인 태조대왕과 갓 태어났을 때의 행태가 비슷했다고 하여 태조대왕의 이름 궁(宮)을 이름으로 갖게 되었고, 대무신왕을 좋아하던 소수림왕은 대무신왕의 살아서의 호칭인 대해주류왕(大解朱留王)을 따라서 소해주류왕(小解朱留王)이라고 하였다. 백제의 경우에도 초고왕(肖古王)을 따라서 근초고왕(近肖古王)이 있었고 구수왕(仇首王)을 따라서 근구수왕(近仇首王)이 있었다. 이런 예들을 보면 부여·고구려 계통 사람들은 조상의 이름을 따서 후손의 이름을 짓는 일이 흔히 있었음을 알 수 있다. 따라서 부여의 시조 이름을 후손인 고구려의 시조가 같이 사용했다고 하여 문제가 될 일은 아닌 것이다.

나라를 새로 건국하려던 고구려의 고주몽은 자기가 부여의 시조와 같은 명궁으로서 그처럼 주몽 또는 동명으로 불리는 것을 다행으로 여겼을 것이다. 그리하여 부여의 건국신화를 바탕으로 자신의 건국과정을 미화하는 신성한 이야기가 사람들 사이에서 만들어질 조짐을 보이자 그는 흐뭇한 마음으로 기대를 걸게 되었을 것이다.

송양국에 다녀온 얼마 후, 주몽은 부하들과 여러 이야기를 하며 안타까운 자신의 마음을 말했다. "지난번 송양왕과의 만남은 내가 그를 확실하게 꺾을 수 있는 좋은 기회였는데, 내가 동부여의 왕자라는 사실을 입증할 방법이 없었소. 내가 송양국보다 더 유서 깊은 부여국의 왕자라고 하면서도, 이곳으로 올 때 아무 것도 지니고 오지 못해서 나의 조상들의 나라가 더 오래되었다는 사실을 입증하지 못한 것이 못내 안타깝소. 그것을 입증할 수 있어야 송양왕도 이곳 부여족 백성들이 나의 백성이 된다는 사실을 인정하게 될 텐데……"

주몽과 송양왕은 약간의 긴장관계 속에서도 가끔씩 안부를 전하며 별다른 충돌 없이 살아갔다. 주몽은 여전히 자신이 신하의 위치라는 점을 인정하지 않고 자신도 왕이라고 말하며 대등한 입장에서 송양왕에게 사신을 보내곤 하였다. 어느날 주몽이 부하들에게 말했다. "우리가 아직 궁궐도 없고 나라모양도 제대로 갖추지 못했으니 송양왕이 우리를 얕보고 나에게 나라를 바치지 않는 것이 분명하오. 더구나 내가 오래된 왕국인 동부여의 왕자라고 하면서도 송양국에 있는 북이나 뿔나팔 같은 기본적인 악기도 없어서 왕으로서의 품위를 제대로 갖출 수 없으니 매우 안타깝소."

덕흥리 벽화분에 보이는 고구려의 북. 북과 나팔을 비롯한 악기는 고대사회에서 지배자의 권위를 높여줄 수 있는 물건이었다.

이때 주몽을 시중들던 부분노(扶芬奴)라는 신하가 말했다. "동부여는 너무 멀어서 그곳에 가서 악기를 가져올 수는 없는 일이니 부득이 송양국의 악기를 가져오는 수밖에 없습니다." 주몽이 말했다. "다른 나라의 물건을 훔쳐오는 일이니 마음에 내키지도 않고 더구나 그 악기들은 귀한 것이라 깊이 감추어두고 있을 터인데 쉬운 일이 아닐 것이다."

부분노가 다시 말했다. "그 악기들은 중국 한나라에서 준 것인데 꼭 송양국에 준 것은 아닙니다. 우리 고구려연맹 전체에게 준 것인데 자기들이 가장 큰 나라라고 차지하여 자기 것으로 삼은 것입니다. 이제 하늘이 왕을 이곳에 보내셨으니 마땅히 부여의 왕자이신 임금님께서 대표하여 그 악기를 차지하는 것은 당연한 이치입니다. 왕께서는 걱정하지 마시고 기다리십시오. 이곳의 지리를 훤히 아는 저희가 잘 알아 처리하도록 하겠습니다."

그때 중국의 한나라는, 국경을 맞대고 살고 있는 다른 종족들이 자기 나라에 들어와 노략질을 못하게 하고 아울러 지시를 잘 따르게 하려고 여러가지 방법을 통해 많은 노력을 기울였다. 그 족장들에게 비단과 금은보화, 칠기, 문방구 등을 선물로 주고 그들 종족들이 생산한 가죽이나 수산물, 약초, 보석 등 각종 물건을 사주었다. 그래서 주변종족 중에서는 한나라와 친밀하게 지내는 경우도 적지 않았는데, 대개 친하게 지내는 족장들에게는 더 많은 선물을 주고 특히 북과 나팔 같은 악기와 때로는 연주자

까지도 보내주어 족장으로서의 그의 위신을 한결 높일 수 있도록 해주었다. 여러 종류의 악기로 구성된 악대를 앞세운 행차는 많은 사람들의 이목을 집중시켜 그 행차의 주인공이 찬양받을 만한 영광스러운 자임을 보여주는 것이다. 이런 이유로 옛날의 족장이나 왕은 행차시에 흔히 대규모 악대를 앞세우곤 했다. 바로 송양왕도 고구려연맹의 대표로서 한나라 현도군과 가까이 지내면서 중국에서 보낸 악기를 받아서 자신의 행차 등 각종 행사에서 연주하며 퍼레이드를 벌여 위신을 뽐내곤 했던 것이다.

부분노와 다른 두 신하는 곧 송양국에 가서 북과 나팔을 훔쳐왔다. 그리고 그 악기를 오래 사용한 것처럼 색깔을 검게 만드는 등 전과 다르게 만들어놓았다. 악기를 잃어버린 송양국에서는 당연히 졸본부여에서 그것들을 훔쳐갔을 것으로 생각하였다. 송양왕은 사신을 보내 악기를 찾아보도록 하였다. 그런데 주몽의 졸본부여에서 가지고 있는 악기들은 모양은 거의 그대로였지만 색이 변하고 흠도 더 많이 나 있어 사신들은 자기 나라의 악기가 아니라고 여기고 그냥 돌아갈 수밖에 없었다.

또한 졸본부여에서는 주몽이 사는 집을 번듯하고 규모있게 다시 짓도록 하였다. 백성들과 다름없이 풀로 엮어 만든 집에서 살고 있으니 족장으로서도 또 왕이라는 주장을 하기에도 체면이 말이 아니었던 것이다. 더구나 송양왕은 매우 큰집을 짓고 살고 있었다. 주몽의 신하들은 오래된 기둥을 사용하여 집을 짓자고 하였다. 그래야 송양왕의 나라보다 더 오래된 나라라고 주장할 수 있을 것이기 때문이다.

그리하여 오래된 집들과 더러는 옛날에 중국인들이 와서 살던 집을 찾아서 기둥을 가져와 오래된 것처럼 보이게끔 집을 지었다. 뒤에, 새로 지어진 집을 본 송양국 사신들은 주몽의 집도 오래된 것임을 인정하지 않을 수 없었다.

지금 돌이켜보면 송양왕과 주몽 사이에 벌어진 일들은 유치하기 그지없는 것이다. 그러나 이천년도 더 전의 옛날, 사람도 많지 않고 별다른 자원도 없던 시대에, 영웅들간에는 누가 능력이나 정통성을 더 갖고 있는가 하는 점을 매우 중요하게 여길 수밖에 없었다. 과거 부여의 왕노릇을 하던 동부여의 왕족 주몽과 비류수의 한 지류가에서 몇대째 살며 왕위를 물려받은 송양왕 사이에는 누가 더 이 지역 부여족 주민과의 연고(緣故)가 오래되었으며, 누구의 능력이 더 우세한가가 건국사업의 성공과 실패를 가르는 중요한 요소가 되었다. 그래서 사소하다고 여겨지는 오래된 악기나 오래된 집기둥 같은 것을 중요하게 여긴 것이다.

백성을 홍수에서 구하고 나라의 기틀을 잡다

주몽이 비류수가 졸본에 와서 나라를 세운 다음해, 즉 기원전 36년 여름에는 송양국이 자리한 비류수 상류 일대에 연일 매우

오녀산성에서 내려다본 비류수(혼강). 지금은 댐을 쌓아 넓어 보이지만 본래의 강폭은 훨씬 좁았을 것이다. 이 강의 위쪽 지류가에 있던 송양국의 홍수 때에는 주몽이 그 백성들을 구조했다는 이야기가 전한다.

사진 여호규

큰비가 내렸다. 그 지방의 강은 강폭이 좁고 깊이도 얕은 지류라서 송양국은 물이 넘쳐 대홍수를 맞았다. 주몽이 사는 지역은 다행히 비가 적게 와서 거의 피해가 나지 않았다.

그런데 오랫동안 살아와서 생활이 안정되어 있던데다 그동안 이렇게 큰비를 만나본 적이 없던 송양국에서는 안심하고 있다가 그만 큰 피해를 보게 되었다. 가축들이 떠내려가고 많은 주민들이 고립되었다. 처음에는 송양왕도 범람하는 강물에 휩쓸려가다가 밧줄을 잡고 밖으로 나오는 일까지 있었다. 송양왕은 병사들과 더불어 열심히 백성들을 물에서 구했지만 사태는 심각한 지경이었다. 송양왕은 신하들에게 말했다. "주몽이란 자가 진짜 하늘의 후손인가? 내가 그자를 제대로 대우하지 않았다고 하늘이 나에게 벌을 주시는 것일까?" 한 신하가 대답하였다. "그럴 리가 있겠습니까? 그자가 분명 요술을 써서 많은 비를 내리게 하여 우리를 괴롭히는 것 같습니다. 그들 지역에는 비가 적게 내리고 거의 피해를 입지 않은 것을 보면 제 생각이 맞을 듯합니다."

그때 다른 신하가 말했다. "지난번에 보기 드물게 큰 흰 사슴을 잡은 주몽이 사슴을 거꾸로 매달아놓고 무언가 주문을 외웠다는 소문이 있었습니다. 틀림없이 그때에 그 사슴을 슬피 울게 하여 하늘을 울려 많은 비를 내리도록 한 것입니다." 사람들은 모두 고개를 끄덕였다. 그러나 그런 생각을 한다고 하여 어려움을 해결할 수는 없었다. 사정이 급하게 된 송양왕은 수해를 입지 않은 각 마을에 사람을 보내 도와줄 것을 요청했고 주몽에게도 도움을 청했다.

송양왕의 도움 요청이 오자 신하들의 의견은 둘로 갈렸다. 그냥 두어 송양국이 망하도록 하자는 의견이 많았다. 그렇게 되면 비류수가에서 주몽이 왕노릇 하기는 한결 쉬워질 것이기 때문이다. 그러나 주몽을 포함한 몇 사람의 생각은 달랐다. 주몽은 말했다. "남의 불행을 틈타 자신의 이익을 구하는 것은 사람이 할 일이 아니다. 더구나 송양국의 백성들도 부여족이니 모두 내 조상의 백성이고 나의 백성인 것이다. 자, 곧 가능한 사람들은 모두 가서 송양국의 백성들을 구하도록 하자." 신하들은 그의 마음씀에 크게 감동하고 모두 찬성하였다.

주몽과 그의 부하들이 달려가서 송양왕을 도우니 홍수로 고립되어 있던 많은 백성들을 구해낼 수 있었다. 더구나 그때에 마침 비가 그치니 사람들은 하늘의 아들인 주몽이 오자 비가 그쳤다고 수근거렸다. 이때의 일이 얼마나 신비스러웠던지 「동명왕편」의 주몽신화에서는 "주몽이 채찍으로 물을 그으니 물이 곧 줄어들었다"라고 묘사할 지경이었다.

큰 도움을 받은 송양왕은 주몽에게 말했다. "내가 그대에게 잘해준 것도 없는데 우리 백성을 구하는 일에 목숨을 걸고 도와주시니 그 은혜를 어찌 갚아야 할지 모르겠소. 그대가 거느린 마을의 규모나 사람의 수로 보면 왕으로 대접하기는 어렵다고 여겨지지만, 그대는 동부여의 왕자이고 많은 백성들을 구해주었으니 이제는 족장보다는 졸본부여의 왕으로 인정하여 나와 동등한 자격으로 대할 것이오." 이리하여 주몽은 고구려연맹의 우두머리인 송양왕으로부터 족장이 아닌 왕으로 그 지위를 인정받게 되었다.

그런데 이때에 주몽이 송양왕에게서 왕으로서 동등한 대우를 받은 것보다 그의 건국과정에 도움이 될 수 있는 더 큰 성과가 있었으니, 그것은 주몽이 목숨을 아끼지 않고 송양국의 백성들을 홍수에서 구조하자 그에 대한 이 지역 부여족들의 평가가 크게 높아진 것이다. '동부여의 왕자께서 오셔서 위험을 무릅쓰고 이곳 송양국의 부여사람들을 건져내셨으니 이는 자기의 옛 백성을 살려내 회복하신 것이다'라는 말이 나오게 된 것이다. 그가 아무리 동부여의 왕자로서 과거 부여국의 왕실 출신이며 이곳의 부여족이 자기 조상의 백성이니 나의 백성이라고 말하고 다녀도 그 말에 감동하여 따르는 사람은 많지 않았던 터이다. 그런데 그가 목숨을 아끼지 않고 자신을 미워하던 송양왕의 부여족 출신 백성들을 구조하자 그에 대한 사람들의 생각과 느낌은 새로워졌던 것이다. 그리하여 이때 주몽이 송양국을 구해낸 사실에서 송양국이 '다물도(多勿都)'가 되었다는 기록이 나오게 된 듯하다.

『삼국사기』의 동명성왕 본기에 의하면 "동명성왕(주몽) 2년 여름에 송양왕이 나라를 들어 항복해오자 그 땅을 다물도(多勿都)로 삼았고 송양을 그대로 그곳의 왕으로 하였다. 고구려의 말에 옛땅을 회복하는 것을 다물(多勿)이라고 하므로 이같이 이름하였다"고 하였다. 그런데 이 지역은 주몽이 살던 옛땅은 아니며 송양국은 그뒤에도 당분간 고구려연맹을 대표하는 나라로 있었으므로, 이때에 송양국이 주몽에게 항복해왔다는 기록은 사실 그대로는 아니다. 뒤에 주몽의 후손들이 대대로 고구려의 왕이 되면서, 송양왕이 자신의 고집을 꺾고 주몽을 자신과 동등한 왕으로 인정한 사실을 마치 항복한 것인 양, 주몽에게 유리하게 부풀려 기록한 것으로 보인다. 따라서 '다물도'라는 것도, 주몽이 자기 조상의 백성이라고 주장했을 부여족들이 사는 송양국을 마

백성을 홍수에서 구하고 나라의 기틀을 잡다

치 조상 이래의 옛땅이라고 여겨 홍수에서 구해내 회복한 것이라 보아서 곧 옛땅의 회복인 '다물'이라 하고, 송양국은 당시 고구려연맹의 중심국이었기에 고구려의 도읍지라고 여겨 수도라는 의미의 '도(都)'가 붙게 된 것으로 여겨진다.

송양국의 위세는 전보다 약해졌지만 그 나라는 여전히 존속하였다. 그러나 주몽의 위상은 크게 높아져서 이제 그가 왕을 칭한다고 하여도 시비할 사람은 없었다. 연맹장인 송양왕이 인정하는 그를 다른 사람이 무어라 말할 수는 없었던 것이다.

주몽의 나라인 졸본부여(卒本扶餘)는 점점 기틀을 잡아갔다. 그리하여 동명성왕(주몽) 4년 초가을에는 마침내 바라고 바라던 성을 쌓고 그 안에 궁실을 짓는 공사를 하게 되었다. 이는 매우 힘들고 고된 일이었지만 수천 명에 이르는 많은 백성들은 송양국보다 더 강한 나라를 만들기 위해 모두 나서서 열심히 일했다.

그런데 규모가 작기는 하지만 주몽왕이 평소에 살던 궁실은 이미 있었기에, 이번에는 적이 쳐들어오는 비상시에 왕이 군사와 백성들과 함께 피하여 거처할 산성과 그 안에 있어야 할 궁실을 만들고자 하였다. 이 산성은 졸본의 비류수 서편 북쪽지역에, 그 형세가 우뚝하고 삼면은 자연적으로 절벽을 이룬 해발 820m의 오녀산에 쌓게 되었다. 사방이 잘 보여 백성이나 적의 움직임을 살피기에 적합하고 더구나 절벽이 험하여 적을 막기에 안성맞춤이었다. 이 오녀산성(五女山城)은 지금도 성벽의 일부가 남

멀리서 바라본 오녀산의 위용(위). 주몽을 위해 하늘사람들이 내려와 7일 만에 지었다는 산성이 있었다. 아래는 2천여 년의 세월을 견디고 남은 오녀산성의 동벽.

아 있어 주몽의 건국역사를 입증해준다. 절벽의 산위에서 먼지를 일으키며 성을 쌓고 궁실을 만드는 일은, 산밑 평지에서 볼 때는 마치 저 하늘의 구름 속에서 하늘사람들이 쿵쾅쿵쾅 무언가 큰 공사를 벌이는 것처럼 느껴졌다. 그리하여 「동명왕편」의 주몽신화에는 "7월에 검은 구름이 골령(鶻嶺)에서 일어나서 사람들이 그 산을 볼 수 없었는데, 오직 수천 명 사람들의 소리가 마치 공사하는 것같이 들렸다. 주몽왕이 '하늘이 나를 위해 성을 쌓는 것이다'라고 말하였다. 7일 만에 구름과 안개가 걷히니 성곽과 궁실이 저절로 만들어졌다"고 하였다.

주몽은 재위 6년(기원전 32)에 오이와 부분노로 하여금 백두산의 동남쪽에 있던 행인국(荇人國)을 정벌케 하여 영토로 삼는 등 착실히 국력을 길러갔다. 그런데 이때의 행인국은 우리가 흔히 생각하는 오늘날의 국가처럼 규모가 큰 나라는 아니다. 주몽의 나라처럼 큰 마을과 작은 마을 몇개가 모여 이룬 조그만 나라였던 것이다. 그리고 정벌하여 영토로 삼았다는 것도 지방관을 파견하여 다스리는 식이 아니고, 그곳에 있던 종래의 지배자들이 주몽왕의 나라에 공물(貢物)을 바치는 정도의 관계를 맺고 여전히 자기가 지배해온 주민들을 다스리며 살았던 것이다.

유화의 신묘를 건립하다

주몽왕의 재위 14년(기원전 24) 8월에, 주몽이 늘 마음속으로 그리던 어머니 유화가 동부여에서 돌아가셨다. 그는 국가를 크게 만들어 어머니를 모셔오고자 했지만 그 꿈을 아직 다 이루지 못했는데 어머니는 돌아가신 것이다. 동부여에서 예를 잘 갖추어 장례를 치러주어 그나마 주몽에게는 큰 위로가 되었다. 찾아가볼 형편이 아닌지라 주몽은 사당을 궁궐 가까이에 짓고 지성으로 어머니의 영혼을 위로하였다. 가을에는 어머니의 장례를 후하게 치러준 동부여국에 사신을 보내 예물을 드리며 감사의 마음을 전했다. 이때의 사실을 『삼국사기』의 동명성왕 본기는 다음과 같이 전하고 있다.

14년 8월에 왕모 유화가 동부여에서 돌아가니, 그 나라 왕인 금와가 태후(太后)의 예로써 장사하였고, 드디어 신묘(神廟)를 세웠다. 10월에 부여에 사신을 보내 특산물을 바쳐 그 은덕에 보답하였다.

이 기록에 보이는 대로 동부여 조정에서 주몽의 어머니를 태후의 예로 장례를 치르고 주몽이 그에 대해 감사를 표한 것은, 주몽신화에 보이는 양측의 갈등관계나 후대 왕들 시기에 보이는 양국의 적대적인 관계와는 상당히 거리가 있어 보인다. 주몽의 어머니 유화는 금와왕의 후궁이었으니 동부여 조정에서는 당연히 그녀의 지위에 걸맞은 예를 갖춰 장례를 치렀을 것이다. 더구나 정실왕비가 먼저 죽어 유화가 왕후의 자리에 있었다면 더욱 성대한 예로써 장례를 치렀을 것이다. 게다가 동부여 왕실의 입장에서 볼 때, 고향인 동부여와 멀리 떨어진 졸본에 가서 조그마한 나라를 세운 주몽을 바라보는 눈은 그리 적대적일 이유가 없었다. 주몽의 입장에서도 성장과정에서의 이복형제간의 사소한 갈등을 빼면 동부여 왕실과 크게 원수질 일은 없었으며, 그런 점에서 주몽이 감사를 표한 것은 충분히 이해할 만하다. 물론 시간이 흐를수록 주몽의 나라가 커지고, 더구나 유리왕이 동부여 방면으로 나라를 옮기고 동부여 사람들을 끌어들이며 국력을 크게 키우는 단계에 가서는 양국의 갈등은 매우 심각한 양상으로 발전해갔다.

그런데 유화의 죽음을 둘러싼 이 기록의 내용에는 약간의 불분명한 점이 보인다. 금와왕이 자신의 왕비라고 보이는 유화를 왕후가 아닌 태후의 예로 장례를 치렀다는 사실이 그러하며, 더구나 그녀의 장례를 마치고 금와왕이 곧바로 신묘를 세운 것처럼 되어 있는 점도 그렇다. 전자에는 약간의 착오가 있었거나, 고구려측에서 유화를 해모수의 아내라고 보아서 금와왕과 관계 없는 것으로 여기고 그녀를 높이고자 태후라고 썼을 가능성이 있다. 후자의 경우 언뜻 보면 태후의 예로 장례를 치러준 금와왕이 신묘를 세운 것처럼 보이나, 사실상 두 행위는 그 주체가 다르다고 여겨진다. 장례를 치러준 것은 금와왕일 수 있지만, 그가 그녀를 조상신이나 다른 어떤 신으로 섬기는 입장이 아니었다면 장례 후 곧바로 신묘를 세워준다는 것은 사실성이 매우 떨어지는 일이다.

이렇게 보면 신묘를 세운 사람은 역시 주몽으로 보아야 맞을 것이다. 어머니가 돌아가셨으나 그녀의 무덤을 모실 수 없었던 주몽으로서는, 그 규모와 격식은 어떠했든지간에 어머니의 사당을 짓고 그녀의 신위(神位)를 모시고 추모하며 제사를 드렸을 것이다. 문장의 구조로 보아도 주어가 생략된 "드디어 신묘를 세웠다〔遂立神廟〕"의 행위의 주체는 주몽왕으로 보아도 좋을 것이다.

유화의 사당인 신묘가 비류수가 주몽의 작은 나라에 만들어진 것에는 적지 않은 의미가 있다. 우선 그녀의 신위가 모셔진 이상, 그녀에 관한 이야기들이 구체적으로 말해졌을 것이다. 물론 동부여의 후궁이었던 그녀에 대한 사실적인 이야기도 알려졌을 터이니 그녀의 신성성이 갑자기 높아지지는 않았을 것이다. 그러나 이곳 주민들로부터 신임을 얻어 부여의 동명과 같은 영웅으로 여겨지고 있던 주몽왕을 해가 쫓아들어오는 태몽을 꾸고 잉태한 그녀는, 태양의 아내 즉 신적 경지의 여인으로 그려질 수 있었고, 주몽신화는 한결 신성한 요소를 보탤 수 있게 되었을 것이다. 유화의 신묘는 처음에는 주몽왕 어머니의 사당이라는 다소 개인적인 성격을 띠었을 것이다. 그러다가 뒤에 대무신왕 3년에 동명왕묘(東明王廟)가 만들어져 주몽왕이 국가의 시조신으로 숭배되고 주몽신화가 정비되면서, 그녀의 사당은 시조신 어머니의 사당으로서 그 위상이 높아져 고구려가 멸망할 때까지 동명왕묘와 더불어 고구려의 국가적 사당으로 모셔졌다. 유화는 부여신(夫餘神), 아들인 주몽은 등고신(登高神)이라 불리게 된 것이다.

유리가 찾아오고 가족간에 갈등이 일다

주몽왕이 40세가 된 재위 19년(기원전 19)에 그에게는 기쁘고
도 힘든 일들이 닥쳤다. 우선 기쁜 일은 동부여에 두고온 아내가
청년이 된 아들 유리(琉璃, 혹은 類利)와 함께 자신을 찾아온 것
이다. 너무나 긴 세월 동안 보지 못한 아내와 마치 20년 전의 자
기 모습을 꼭 빼닮은 듯한 아들을 만난 그는 깊은 감회에 젖었다.

동부여를 떠날 때 주몽은 20대 초반의 나이로 이미 예씨 성을
가진 처녀와 결혼하여 아내는 아이를 임신한 상태였다. 임신한
아내를 데리고 험한 개척의 길을 떠날 수는 없었기에 그는 아내
를 처가에 두고 왔던 것이다.

떠나오기 전날밤 그는 아내에게 말했다. "정말 미안하오. 그러
나 이곳에서 더 살 수 없는 입장인 것은 당신도 잘 알 것이오. 세
월이 얼마나 걸릴지 모르지만 내가 나라를 일으켜 안정되면 사
람을 보낼 테니 그때에 오시오. 그리고 만약 일이 더뎌져서 그동
안에 아이가 장성하게 되면 내가 감춰둔 물건을 찾아 그것을 가
지고 나에게 오도록 하시오. 그 물건은 일곱 고개 일곱 골짜기
돌 위 소나무에 감추어두었소."

주몽이 떠난 후 태어난 아들 유리는 부여족의 풍습대로 외가
에서 자라났다. 외가동네 사람들은 아이가 다 자랐는데도 돌아
갈 남편 집이 없어 계속 친정에서 살면서 아이를 키우는 유리의

어머니를 매우 안쓰럽게 생각했다.

그런데 유리는 아버지 못지않게 활을 좋아하고 잘 쏘았다. 어느 날 참새를 잡으려고 쏜 화살이 그만 어느 부인이 이고가던 흙으로 구워 만든 물동이를 맞추어 깨뜨리고 말았다. 물이 쏟아져 여인은 온통 물에 젖어버렸다. 여인이 말했다. "아버지가 없으니 배운 것이 없어 이렇게 함부로 행동하는구나." 여인의 말에 너무나 슬프고 부끄러워진 유리는 용서를 빌 엄두도 내지 못하고 그 자리에 우두커니 서 있었다.

「동명왕편」에 전하는 주몽신화에는 물동이가 깨지자 유리가 다시 진흙을 묻힌 화살을 쏴서 새는 물동이를 막아주었다고 하는데, 혹 깨진 곳을 다시 맞힐 수는 있다 하여도 진흙으로 동이의 뚫어진 구멍을 막을 수는 없는 노릇이다. 이는 신화에서 그의 활솜씨를 과장하여 표현한 것이다.

집에 돌아온 유리는 어머니에게 자신의 아버지가 누구인지를 물었다. 어머니는 어린 아들에게 아버지의 사연을 다 말할 수 없어서 누군지 알 수 없다고 대답했다. 그러자 유리는 화살로 자신의 목을 찔러 죽으려고 하였다. 어머니는 정신이 번쩍 났다. 아들을 이제 어린아이로만 볼 수 없다고 여긴 그녀는 그제야 진실을 말해주었다.

"아버지가 누구인지 모른다는 말은 네가 아직 어리다고 생각해서 그냥 해본 말이다. 사실 너의 아버지는 이 나라의 왕자님이

유리가 찾아오고 가족간에 갈등이 일다

셨다. 이복형제인 다른 왕자님들이 너의 아버지가 하늘의 태양에 의해 잉태되어 장차 왕이 될 것이라 여기고 미워하셔서 이곳을 떠나셨다. 하늘의 아들이시니 어찌 이곳에서 남의 신하노릇을 할 수 있겠니. 그래서 새로운 나라를 세우겠다고 남쪽으로 떠나셨단다."

유리는 아버지는 다른 곳에 가서 왕이 되셨는데 자신은 이곳에 남아서 남의 욕을 먹고 살아서야 되겠느냐고 하면서 아버지를 찾아가겠다고 했다. 어머니는 말했다. "아버지를 찾아 길을 떠나기에는 너는 아직 어리다. 장차 좀더 나이가 들면 아버지를 찾아가거라. 그런데 아버지께서 이곳을 떠나실 때 네가 당신을 찾아오려면 당신이 감춰둔 물건을 찾아오라고 하셨다. 그래야 서로 부자간인 것을 알 수 있기 때문이다. 그런데 그것을 일곱 고개 일곱 골짜기 돌 위 소나무에 두었다고 하셨다. 앞으로 잘 생각하여 찾아보도록 하여라."

그뒤 유리는 더욱 행실을 조심하고 무예를 연마하며 세월을 보냈다. 그리고 때때로 아버지가 숨겨둔 물건이 어디 있는지 그 비밀스런 장소를 찾는 데 힘을 기울였다.

몇년이 흘러 유리는 청년이 되었다. 어느날, 그날도 유리는 아버지가 남겨둔 물건을 찾으려고 산골짜기를 헤매며 돌아다녔다. 피곤해진 그는 집에 돌아와 기둥에 기대어 앉았는데 문득 기둥에서 무슨 소리가 나는 듯했다. 주춧돌 위에 서 있는 기둥을 보니 일곱 모가 난 소나무 기둥이었다. "그렇구나, 이 기둥이구나. 일곱 고개 일곱 골짜기는 일곱 모가 난 것을 말하는 것이고 돌 위의 소나무는 기둥을 뜻하는구나" 하며 그는 아버지 말씀의 뜻을 알아차렸다.

기둥 위의 구멍 속에는 부러진 칼이 있었다. 칼을 꺼낸 유리는 어머니께 그것을 보여드리고 곧바로 준비를 하여 어머니와 함께 졸본부여를 향해 떠났다. 드디어 주몽을 만난 유리는 찾아온 칼 조각을 보여드리며 자신이 주몽이 동부여를 떠난 후에 태어난 아들임을 말했다. 가져온 칼조각은 주몽이 보관해온 부러진 칼과 딱 들어맞았다. 부자는 서로 부여잡고 반가움에 어쩔 줄 몰라 했다.

그런데 동부여의 아내와 아들이 찾아온 것은 실로 반가운 일이지만, 그간 그들에 대해 큰 관심을 갖지 않아온 졸본의 주몽 가족들에게는 여러가지 문제를 안겨주었다. 동부여의 아내인 예씨는 소서노와 같이 비(妃)로 삼아서 대하는 데 큰 문제가 없었다. 그러나 왕자가 된 장자 유리와, 주몽이 이곳에서 소서노와 결혼해서 낳아 이미 청년이 된 두 아들 비류(沸流)와 온조(溫祚) 왕자 사이에는, 앞으로 누가 태자가 되어 이 나라의 왕위를 이어 갈 것인가 하는 문제를 놓고 심각한 분위기가 형성되었다.

유리가 없던 졸본에서 주몽의 큰아들로서 자신이 마땅히 아버지와 어머니가 이룬 왕국을 이어받을 것으로 알고 있던 비류의 불만은 컸고, 온조도 앞으로의 일이 어찌될지 걱정이었다. 그들의 어머니 소서노의 입장도 난처하였다. 동부여에 남편의 본부인과 아이가 있다는 이야기는 이미 들어 알고 있었지만 너무 오래 소식이 없어서 죽은 줄로만 여기고 있었는데 갑자기 옛부인과 아들이 찾아온 것이다. 친정아버지가 물려주고 자신이 남편과 함께 가꾼 이 왕국을 마땅히 비류나 온조 중에서 다음 왕을 정해 물려주려 했는데 평소의 생각과 크게 어긋날 조짐이 보이게 된 것이다.

신하들도 서로 입장이 갈라졌다. 오이, 마리, 협부 등 동부여에서 온 신하들은 유리가 장자이니 당연히 그를 태자로 삼아야 한다고 했다. 그러나 졸본지역 출신의 신하들은 멀리서 살다가 갑자기 나타나 이곳 사정도 잘 모르는 사람에게 어떻게 나라를 맡기겠느냐고 생각하고 비류나 온조가 태자가 되기를 바랐다.

사실 가장 난처한 입장에 처한 사람은 주몽이었다. 동부여에서 아버지의 보살핌도 없이 자라나 위험을 무릅쓰고 멀고먼 길을 찾아온 자신의 자랑스럽고 한편으론 가엾은 아들인 장자 유리를 마땅히 태자로 삼아야 한다고는 생각하면서도, 한편 이 나라를 일으키는 데 너무나 많은 도움을 준 이곳의 아내 소서노와 사랑하는 두 아들을 생각하면 미안한 마음이 앞섰다. 그리고 신하들의 의견이 갈라지고 있는 것도 크게 마음이 쓰였다.

"잘못하다간 나라가 제대로 서지도 못하고 무너지겠구나. 내가 이복형제들과 사이가 좋지 않아 뛰쳐나오게 되었는데 내 아들들이라고 그렇지 않으리라는 보장이 없구나." 주몽왕은 큰 시름에 빠졌다. 그 무렵 비류왕자가 졸본 출신 신하들에게 자신의 불만을 말하고 다닌다는 소문도 들려왔다. 비류는 이렇게 말했다. "어디서 무엇을 하던 자인지도 모르는데 갑자기 형님으로 모셔야 하고 태자자리도 빼앗기게 생겼으니 기막힐 일이다. 우리 어머니가 외조부가 다스리시던 마을들을 아버지에게 주도록 하여 나라를 일으켰으니 따지자면 이 졸본부여는 본래 아버지의 나라가 아니고 우리 어머니의 나라인 것이다. 그러니 이 나라는 마땅히 나와 온조가 이어받을 권리가 있다."

주몽은 크게 걱정을 하게 되었다. 머뭇거리다가는 아들들 사이의 불화로 곧 가정도 나라도 망할지 모른다는 생각이 들었다. '결단을 빨리 내려야겠구나. 그런데 경솔하게 왕실의 일을 신하들에게 말하고 다니는 것을 보면 비류는 왕이 될 만한 그릇은 아니고, 그렇다고 온조에게 왕위를 주면 유리도 비류도 모두 불만을 갖겠지. 그렇게 되면 더욱 문제는 심각해질 것이고. 만약 유리에게 태자자리를 주지 않는다면 그 아이는 이곳에 아무 연고도 없으니 내가 죽으면 얼마 가지 못해 곧 죽임을 당하지 않을까? 유리와 온조 중에 하나를 고른다면 역시 장자인 유리를 고르는 것이 명분도 서고 가정의 분란을 줄이는 길이겠구나.' 주몽은 이런 결론을 얻고 가까운 신하들에게 이 생각을 알렸다. 신하들도 그렇게 하는 것이 최선의 방법이라고 동감을 표했다.

그리하여 주몽왕은 아내 소서노와 비류, 온조 두 아들을 불러 이 생각을 말하고 자신의 뜻을 따라줄 것을 부탁했다. 그들은 그 자리에서는 드러내 반대를 하지는 않고 결정에 따르겠다고 하였다.

한편 주몽은 송양왕에게 사신을 보내 자신의 장자인 유리와 송양왕의 딸을 결혼시키면 어떻겠냐고 청혼의 뜻을 전했다. 아무런 지지세력이 없는 아들 유리를 생각할 때 이 지방에서 가장 전통있고 많은 백성을 거느린 송양왕의 사위가 되는 일은 유리에게 매우 큰 힘이 될 것이기 때문이었다. 청혼을 받은 송양왕은 지난번에 큰 도움도 입었고 집안도 훌륭하며 더구나 아버지를 닮아서 백발백중의 명사수인데다 멋있고 잘생긴 왕자 유리를 사위로 삼고 싶은 마음이 들었다. 그리하여 유리와 송양왕의 딸은 결혼을 약속하였다.

주몽은 거룩하게 죽고 유리는 왕이 되다

주몽은 신하들과 의논하여 곧 유리를 태자로 삼았다. 이렇게 되자 소서노와 다른 두 왕자들은 매우 허전한 심정에서 불만이 쌓이게 되었다. 드러내 불평을 말하지는 않았지만 아내 소서노와 두 아들은 주몽을 피해다녔다. 멀리서 20년 만에 찾아온 큰아들과, 같이 살고 있는 아내와 두 아들 사이에서 주몽의 근심은 날로 깊어갔다. 이 세상의 왕위가 진실로 부질없는 것으로 느껴지며 세상일에 의욕을 잃게 되었다. 드디어 그는 죽을병이 들고 말았다.

주몽은 송양왕에게 사자를 보내 이제 그의 사위가 될 장자 유리의 앞일을 부탁했다. 그리고 충성스런 신하들을 불러 아들의 앞날을 부탁하고, 가족들에게도 서로 화목하게 살 것을 부탁 또 부탁하였다.

주몽의 죽음을 전하는 자료들을 보면, 하늘의 아들을 자부하던 주몽은 자신의 최후가 좀더 거룩하게 보이도록 노력한 듯하다. 적어도 그가 죽은 것이 아니라 하늘로 올라갔다고 전해지는 기록의 내용으로 볼 때, 자신을 신의 아들처럼 보이게끔 세심하게 배려했을 듯한 심증을 갖지 않을 수 없다. 따라서 그의 죽음과 장례 과정은 아래와 같은 양상을 크게 벗어나지 않고 진행된 듯하다.

병이 더욱 깊어가 죽음이 임박한 것을 느낀 주몽은 가족과 가까운 신하들에게 말했을 것이다. "내가 하늘의 아들로 태어나 이만큼 나라를 이루었는데 하늘이 나를 부르시는 것 같구나. 하늘은 이 나라의 앞일을 유리와 너희 형제들에게 맡기시는 것 같다. 이제 내 병이 깊은데 백성들에게 약한 모습을 보이는 것은 좋지 않을 듯하니 은밀하게 나의 처소를 저 동쪽 산으로 옮겨 그곳에서 조용히 하늘의 부름에 따르도록 하는 것이 좋겠다."

이 말을 들은 가족과 신하들은 매우 슬퍼하면서도 그 말이 옳다고 여겨 그렇게 하였을 것이다. 그리하여 임종의 처소를 용 모양처럼 생겨 용이 살고 있다고 여겨지던 용산(龍山)에 만들었다. 그리고 주몽은 태자 유리만이 자신의 임종을 지키도록 하였다. 하늘의 아들의 임종은 아무나 볼 수 없다고 여긴 듯하다. 옛날 사람들은 신을 아무나 만날 수 없고 오직 신성한 사람들인 무당(巫堂)이나 사제(司祭) 혹은 왕만이 만날 수 있다고 여겼다. 그리하여 신성한 하늘의 아들인 주몽의 죽음도 왕위를 계승할 그의 신성한 아들만이 볼 수 있다고 여긴 듯하다.

산위로 처소를 옮긴 얼마 후 주몽은 임종을 맞았다. 그는 아들 유리에게 "이 나라를 잘 부탁한다. 졸본부여의 신하나 백성들은 모두 부여에서 내려온 사람들이니 이 나라는 네 조상의 나라이며 나의 나라이자 너의 나라인 것이다. 부디 정성스런 마음으로 이 백성을 잘 보살피도록 하여라. 그러면 곧 이 나라와 백성들 모두가 너에게 충성하는 마음을 갖게 될 것이다. 그리고 네 어머니께 효도하고 새어머니와 두 동생들에게도 너그럽게 대하라. 그리고 내가 죽으면 곧 이 자리에서 화장을 하여라. 깨끗하게 태워서 나의 기운이 하늘로 되돌아가도록 하여라. 자, 이제 내가 늘 사용해온 이 옥채찍을 너에게 주겠다. 나를 화장한 후 이걸 가지고 내려가서 나의 권한이 너에게 이어졌음을 보여라." 이렇게 말하고 주몽은 세상을 떠났다. 이때는 기원전 19년 가을이었으니 동명성왕 고주몽의 나이는 40세였다. 강대한 고구려의 첫단계를 연 영웅은 이렇게 짧게 살다 갔다.

　태자 유리는 곧 가족과 가까운 신하들에게 주몽의 죽음을 알렸다. 그들은 달려와 울음을 터뜨렸다. 고주몽의 시신은 유리가 피운 장작불에 쌓여 불과 연기 속에서 타올라 공중에 흩어졌다. 이때 산밑 마을에서는 용산에서 솟아오르는 검은 연기가 하늘을 향해 올라가는 모습이 보였다. 누군가의 입에서 이런 말이 나왔다. "하늘의 아들이신 우리 임금님께서 용을 타고 하늘나라로 돌아가시는구나!" 뒤에 이 이야기는 더욱 신비하게 만들어져갔다. 그리하여 광개토대왕릉비(414)에는 "(왕이) 세상의 왕위를 즐겁게 여기지 않으시니, 이에 (하늘이) 황룡을 보내어 내려와서 왕을 맞으시니 왕은 홀본(졸본)의 동쪽 언덕에서 용의 머리를 밟고 승천하시었다"라고 적혀 있다. (KBS 1TV 역사스페셜 '고구려시조 동명왕릉'(2001. 12. 8 방영)의 방송내용에 의하면, 환인 주변의 기원 전후에 만들어진 고구려 초기 적석총 돌무지에서 화장의 흔적인 뼈가 녹아붙어 있는 용석(鎔石)들이 발견되었다. 이로써 볼 때 주몽이 화장되었을 가능성을 추정함은 지나친 것만은 아니다.)

　유리는 아버지가 남긴 옥채찍을 들고 산을 내려왔다. 신하들은 주몽왕의 상징인 옥채찍이 그에게 주어진 것을 보고 모두 절을 하였다. 이제 유리는 왕이 된 것이다. 비류와 온조도 형의 왕 됨을 인정하지 않을 수 없었으니 그들도 역시 절을 하였다. 유리는 어머니 예씨와 계모인 소서노에게 절하고 아버지가 살아 계실 때보다 더욱 지성으로 모시겠다고 말하였다.

신하들은 주몽왕의 유언에 따라 시신을 모시지 못하게 되었지만 장차 이 나라의 시조가 되실 분의 무덤이 없다는 것은 문제가 아닐 수 없다고 말했다. 이에 따라 유리왕은 무덤을 만들고 「동명왕편」에 보이는 대로 아버지께서 남기신 옥채찍을 넣어 장사를 지낸 듯하다. 그 채찍은 주몽이 동부여에서부터 가져온 것으로 말을 몰아 송화강을 넘을 때 사용했으며, 송양국의 물난리에 백성들을 구조하는 작업의 선두에 서서 들고 지휘하던 것이었다. 주몽신화에는 주몽이 강을 넘을 수 없게 되자 이 채찍으로 하늘을 가리키며 하늘과 땅의 도움을 요청하였고, 송양국의 홍수 때에는 그가 강물에 이 채찍을 그으매 강물이 줄어들었다고 묘사될 만큼, 신통력이 뛰어나다고 생각되던 아버지의 분신(分身)과도 같은 물건이었다.

이렇게 만들어진 주몽의 무덤은 너무나 오래 전에 만들어진 것이라서 어디에 있는 어떤 무덤인지가 분명치 않은데, 현재 유력하게 추정되는 곳은 두 곳이다. 북한의 평양시 역포구역에 위치하고 동명왕릉이라 불리며 성역화된 곳으로, 5세기에 축조된 것으로 여겨지며 많은 연꽃이 벽에 그려진 석실봉토분이 그 하

북한에서 대표적인 문화유적
으로 지정, 복원한 동명왕릉
(위). 북한학계에서는 고구려
의 평양 천도에 따라 이장된
주몽의 무덤이라 보고 있다.
옆은 환인 미창구 장군무덤의
널방 전경. 주몽의 무덤일 가
능성이 논란이 되고 있다.

나이다. 북한학계에서는 이에 대해 장수왕의 평양 천도와 더불
어 시조의 무덤을 이장(移葬)해왔다고 주장하고 있는데, 그 사
실성을 정확히 확인할 수 없으나 그 가능성을 부정할 수는 없다.
다른 하나는 바로 옛 졸본지방인 중국의 환인에 있는 소위 장군
무덤이다. 이 무덤은 환인지역에서는 유일하게 그 규모가 왕릉
급이며 1백 송이가 넘는 연꽃이 화려하게 그려져 있고 역시 수
준 높은 기하학적 문양으로 장식되어 있다. 따라서 수도가 이 지

역에 있을 때 살았던 유일한 왕인 주몽(동명)왕의 무덤일 가능성이 끊임없이 타진되어왔다. 다만 이 무덤은 고구려 초기 무덤양식인 적석총이 아니고 중·후기의 양식인 석실봉토분이며, 4세기 후반에 들어온 불교의 영향을 반영하여 연꽃이 그려져 있는 것으로 볼 때 4세기 말 이후 5세기에 만들어진 것이라서, 주몽의 무덤으로 보기는 어렵다고 여겨졌다. 그러나 4세기 말 이후 5세기의 고구려 국운의 융성과 장수왕의 평양 천도와 관련하여, 주몽의 묘가 개축되거나 혹은 심지어 이장되었을 가능성도 있다. 그렇다면 다소 초라한 본래의 묘를 5세기경의 기법을 써서 화려하게 전면 개축했을 수도 있으며, 이장이 있었다 해도 시조의 원무덤을 폐허로 둘 이치는 없는 것이니 격조있게 다시 축조했을 수 있다. 따라서 이 무덤이 주몽의 무덤일 가능성은 결코 작지 않다고 여겨진다.

주몽왕이 죽은 후 수백년이 지나 고구려 중·후기에 이르러 주몽신화는 다시 주목받았다. 그리하여 그의 후손인 후기의 어느 왕 때에 그가 하늘의 아들인 '거룩한 왕'이라 하여 그에게 '동명성왕(東明聖王)'의 존칭을 추증하게 된 듯하다. 이 존칭은 『삼국사기』 등을 통해 지금까지 전해진다.

비류와 온조, 남쪽으로 떠나다

주몽왕의 장례가 끝나자 소서노와 비류, 온조는 자신들의 장래를 더욱 고민하고 걱정하게 되었다. 그냥 이곳에서 살 것인지 아니면 떠나야 할지로 여러날 의논에 의논을 거듭했다. 물론 '우리가 이곳의 주인인데 왜 우리가 떠나야 하나' 하는 반발도 있었다. 그러나 소서노는 "주몽왕이 이곳에 온 것은 본래 자기 조상의 백성을 찾아온 것이니, 이곳 백성들은 사실 주몽왕의 백성이며 이제 그의 큰아들인 유리왕의 백성이기도 한 것이다. 너희들도 주몽왕의 아들인데 어찌 아버지께서 조상들의 백성을 회복하여 큰 나라를 이루려던 뜻을 저버릴 수 있겠느냐" 하며 타일렀다. 젊은 패기에 넘치고 아버지와 어머니의 영웅적이고 적극적인 성품을 이어받은 비류와 온조도 곧 이곳 졸본부여에의 미련을 버리고 새 출발을 하기로 결심하였다.

"그래. 여기서 우리 형제가 서로 다투다가는 모두 다 망하고 말 것이다. 더구나 우리의 북쪽에는 송양국이 버티고 있어 이 나라의 발전에는 한계가 있을 터이니 우리가 오히려 새 고장으로 가서 번듯한 나라를 세워보는 거다. 아버지와 형님의 나라보다 더 아름답고 훌륭한 나라를!" 이렇게 결심한 두 왕자는 어머니 소서노를 모시고 유리왕을 찾아가서 자신들은 이곳을 떠나겠다고 말했다. 졸본부여의 백성 중에서 자신들을 따르고자 하는 사람들만 데리고 남쪽으로 가서 새 나라를 세워보겠다는 것이었다. 새로운 희망에 불타는 듯한 두 동생을 보는 유리왕의 마음도 한결 가벼웠다. 신하들과 깊이 의논한 유리왕은 결국 이들 모자를 떠나가게 하였다. 유리왕은 상당량의 곡식과 금붙이를 두 동생에게 주었고 희망하는 백성들은 그들과 함께 남으로 내려가도록 허락하였다.

소서노 모자와 가까이 지내던 신하들은 물론이고 그들을 좋아하던 상당수의 주민들이 힘든 개척의 길에 따라나섰다. 고향을 떠나는 사람들에게는 비류수 강가보다 더 따뜻한 남쪽지방으로 간다는 사실이 그나마 위안이 되었다. 이듬해인 기원전 18년에 비류는 인천에, 온조는 지금의 서울 강동지역에 나라를 세웠다. 비류가 세운 나라는 얼마 가지 않아 망했지만 온조가 세운 나라는 더욱 발전해갔다. 온조가 세운 이 나라가 바로 백제(百濟)이다.

삼국이 막 열리던 이 시대에는 각종 농기구와 생활도구들이 철로 만들어지기 시작하였다. 그리하여 농사를 짓기도 편리해지고 집을 짓거나 물건을 만드는 일이 한결 쉬워져 생활형편이 전보다 좋아졌다. 그런데 농업은 사람들이 모여서 힘을 합해야 좀더 효과적으로 할 수 있는 일이다. 따라서 농사짓기에 적당한 강가의 들판을 끼고 있는 구릉지대 등에 많은 사람들이 모여살게 되었는데, 그러다 보니 여러 문제가 생겨났다. 많은 사람이 먹고

철제 농기구의 도입은 엄청난 생산력 증대와 국력의 신장을 뜻하는 것이었다. 운산 용호동 1호분에서 나온 고구려 후기의 철제 부뚜막과 서울 구의동 고구려 유적지 출토 철제 보습(5세기).

살 수 있도록 농사를 잘 짓기 위해 강물이 범람하는 곳에 둑을 쌓고 저수지를 만드는 일, 질서를 유지하며 재산을 지켜주고 폭력행위를 막아주며 재판하는 일, 마을과 마을 간의 다툼을 막는 일, 특히 사람들과 마을의 재산이 많아지자 침략해오는 외적을 방어하는 문제 등이 생겼던 것이다. 이러한 문제들은, 마을 안의 몇몇 사람들이 문제가 생길 때마다 의논하여 그때그때 처리하던 과거와는 달리 한층 조직적이고 체계적으로 처리해야 해결될 수 있었다.

그리하여 많은 나라들이 만주와 한반도 지역 곳곳에서 생겨나게 되었던 것이다. 이러한 나라들은, 좀더 전통을 존중하고 사람들 간의 협의를 중요하게 생각하던 예전의 족장이 다스리던 때와는 달리, 관리와 군대를 통해 강력한 권력을 행사하는 왕(王)이 나타나 다스렸다. 그런데 이때의 왕들은 백성들 중에서 나오기보다는 대개 주몽이나 온조와 같이 누대의 족장집안이나 왕실에서 자란 이들 가운데서 나왔다. 이들은 이미 성장과정에서 정치에 대한 감각을 기를 수 있었는데, 이들 중에서 감수성이 예민하고 용기있는 자들은 세상의 변화를 내다보며 사명감을 갖고 하늘의 뜻에 따라 하늘의 아들로서 새 나라를 세우겠다고 주장하며 왕위에 오르기도 하였다.

이들이 나라를 세울 때 흔히 하늘의 명령이나 계시를 받았다고 한 것은, 먼 옛날 사람들이 하늘 혹은 하느님을 가장 절대적인 존재(신)로 믿었기 때문이다. 하늘의 명에 따른 것이라고 하면 사람들은 절대적인 하늘이 보장하는 그의 권위를 인정할 가능성이 컸던 것이다. 물론 어떤 사람이 자신이 하늘로부터 왕이 되라는 지시를 받았다고 주장한다고 해서 곧바로 그 사회의 왕이 되는 것은 아니다. 주장에 걸맞은 능력과 인품을 갖추어 사람들에게 지도자로서의 자격과 소질을 가졌음을 보여주어야 했다.

아버지와 어머니를 통해 일찍이 나라를 다스리는 법을 배운 비류와 온조도, 자신들이 비류수가에서 이복형인 유리와 더불어 왕노릇을 할 수 없게 되자 아버지 주몽처럼 새롭게 국가를 건설하려고 고향을 떠났던 것이다.

외로운 유리왕, 꾀꼬리를 부러워하다

유리왕은 왕위에 오른 다음해인 기원전 18년 가을에 아버지가 살아 계실 때에 정혼한 송양왕의 딸과 결혼했다. 그동안도 송양왕은 사위가 될 유리왕에 대해 여러모로 지원을 하였지만 이제 정식으로 결혼한 이후 그는 더욱 확고한 유리왕의 후원자가 되었다. 왕위를 잇는 과정에서 새어머니와 두 동생이 상당수의 백성들을 데리고 빠져나감으로써 크게 약화된 유리왕의 권위는 처가의 도움으로 이제 어느정도 강화되고 안정될 수 있었다.

그러나 이같은 행복도 불과 일년 만에 깨졌다. 아마도 왕비가 아이를 낳은 후 곧 병에 걸려 죽은 듯하다. 유리왕은 매우 허전해하며 지냈다. 신하들은 이런 유리왕을 위로하기 위해 곧 두 명의 왕비를 얻도록 하였다. 이들은 바로 졸본 근처의 골천에 살던 어느 족장의 딸인 화희(禾姬)와 현도군 내에 살고 있던 중국인의 딸 치희(雉姬)였다.

왕은 이들을 위해 궁궐 밖에 규모있는 초가집 정도의 작은 궁전 둘을 만들어주었다. 두 여인은 서로 왕의 사랑을 더 받으려고 애썼다. 왕이 사냥을 나가서 이레 동안 돌아오지 않은 적이 있었는데, 이때 두 여인이 서로 다투었다. 화희가 중국 출신의 치희에게 좀 심하게 말했다. "너는 신분이 비천한 사람인데 어찌 감히 하늘의 후손인 왕을 모실 수 있다고 생각하느냐. 예의를 몰라도 한참 모르는구나” 하며 꾸짖었다. 치희는 중국인 중에서 변방에 나와 살던 하급관리나 비교적 잘살던 주민의 딸이었을 가능성이 있다. 졸본의 어느 족장의 딸이었을 화희가 텃세를 부리며 그녀의 신분적 약점을 거론하며 모욕을 주자 치희는 그만 자존심이 상해 궁을 나가서 현도군의 친정으로 돌아가버렸다.

이제 막 정이 든 치희가 떠나버렸다는 소식을 전해들은 유리왕은 곧 말을 몰아 달려갔다. 치희의 집에 이르러 그녀를 달래보았지만 마음에 큰 상처를 입은 그녀는 돌아오기를 거절하였다. 끝내 혼자서 돌아오던 왕은 큰 나무 밑에서 쉬게 되었는데 이때 꾀꼬리 한쌍이 날아들었다. 새들을 본 그는 마음에 느껴지는 바가 있어 노래를 지어불렀다. 유명한「황조가(黃鳥歌)」가 그것이다.

오락가락 나는 꾀꼬리여 翩翩黃鳥
암수컷이 함께 하는구나 雌雄相依
외로운 이 내 몸은 念我之獨
뉘와 함께 돌아가리 誰其與歸

이 노래는 영웅적인 왕의 노래라고 보기에는 매우 단순하고 감상적이다. 옛날로 거슬러올라갈수록 사람들의 감정은 비교적 순수하고 왕이나 귀족들도 문(文)과 무(武)를 구별하지 않고 배우며 즐겼다. 그래서 유리왕은 이렇게 단순하면서도 아름다운 노래를 남길 수 있었던 것이다. 이 노래에는 고향을 떠나와서 채 자리를 잡기도 전에 아버지와 아내를 잃고, 새로 마음을 줄 만한 한 여인을 만났다가 그녀마저 떠나버린 데서 오는 외로움이 잘 나타나 있다. 고향을 떠나온 중국여인 치희는 사실 고향을 떠나서 멀리 내려와 외롭게 살고 있는 자신과 같은 처지였으니 유리왕은 그녀에게 깊은 동류의식과 더불어 사랑의 마음을 가졌던 것이다. 이 일이 있은 후에 유리왕이 치희를 모욕하여 돌아가게 한 졸본 부근 골천 출신의 화희를 처벌했다는 기록이 없는 것을 보면, 객지에 온 유리왕이 처한 당시의 외롭고 힘없는 현실을 더욱 잘 알 수 있다.

재위 11년(기원전 9) 여름에 유리왕은 그즈음 자기 나라의 백성을 가끔 노략질하던 선비족(鮮卑族)을 어떻게 할 것인가 하는 문제로 신하들과 의견을 나누었다. 이 일은 아버지 주몽과 장인인 송양왕의 도움으로 겨우 왕의 자리를 지키고 있는 그로서는 자신의 능력을 보일 수 있는 좋은 기회이기도 하였다.

아버지 주몽왕 때에도 송양국의 북과 나팔을 훔쳐다 바친 바있는 충성스런 신하 부분노는 "저 선비족은 아주 험한 곳에 자리 잡고 살며 매우 용감합니다. 따라서 그들과 정면으로 싸워서 이기기는 힘듭니다. 마땅히 꾀를 써서 이겨야 합니다"라고 말하며 지략으로 싸울 것을 주장하였다. 유리왕은 "그 꾀가 무엇인지 말해보시오"라고 하였다. 부분노는 "지금 곧 우리 중에 한 사람을 이 나라를 거짓 배반한 것처럼 하고 저 선비족에게로 도망하게 하여 우리의 힘이 약해 그들을 어쩌지 못하고 늘 당하고만 있다고 말하는 것입니다. 저들은 우리를 침략할 생각을 하게 될 것입니다. 그때에 저는 잘 훈련된 병사들을 이끌고 숲에 가서 숨고, 왕께서는 약한 병사들을 거느리고 그들의 성 가까이에 가시면 그것을 본 그들은 곧 안심하고 성을 비워두고 공격을 할 것입니다. 그러면 제가 곧 그들의 성을 점령하고 성 밖에 나온 저들을 공격하여 항복을 받는 것입니다."

부분노의 이 유인책은 그대로 적중하여 많은 선비족 군사를 죽이는 전과를 올렸다. 전투에서 크게 패배한 그들은 곧 항복하고 유리왕의 속국이 되어 다시는 침략하지 않게 되었다. 왕은 상을 받지 않으려고 사양하는 부분노에게 황금과 좋은 말을 주어 포상했다.

이 일은 별다른 능력을 발휘하지 못한 채 아버지를 이어 갑자기 왕이 된 유리왕의 위상을 크게 높여주었다. 사람들은 "하늘의 아들인 주몽왕의 아들이라서 과연 다르긴 다르군" 하면서 그를 전보다 더욱 존경하고 따르게 되었다.

유리왕 14년(기원전 6) 정월 동부여의 대소(帶素) 왕이 사신을 보내왔다. 대소는 사실 주몽의 이복형제로 유리에게는 백부나 숙부가 되는 셈이다. 대소는 유리에게 안부를 전하며 두 나라는 본래부터 형제의 나라이니 인질(人質)을 교환하여 서로 평화롭게 살 것을 맹세하자고 하였다. 아직까지도 졸본에서 큰 국가를 이루지 못한 유리왕으로서는 동부여왕의 요청을 거절할 수 없었다. 그래서 인질을 보내기로 하였다.

옛날에 국가간의 인질로는 흔히 왕자가 가게 마련이었다. 당시에는 왕이 국가의 중요한 권리를 거의 모두 가졌으므로 왕이 생명처럼 아끼는 사람으로 인질을 교환하여 국가간에 맺은 약속을 굳건히 지킬 것을 보장하였던 것이다. 물론 부득이 약속을 못 지키게 되면 그 인질은 죽임을 당하기도 하였다.

따라서 누구든지 인질로 가는 것을 달갑지 않게 여겼다. 더구나 약한 나라에서 강한 나라에 간 인질은 아무래도 좋은 대접을 받기가 어려웠다. 유리왕은 아들 중에서 가장 나이가 많은 12, 3세가 된 태자 도절(都切)을 인질로 보내기로 했다. 그런데 도절은 무서워하면서 가기를 거절하였다. 왕이 달래보았으나 아직 나이 어린 그는 결코 가지 않으려고 하였다. 한편 도절은 당시 졸본지역에서 여전히 강국으로 있던 송양국 왕실을 외가로 하고 있었다. 그의 어머니는 그를 낳다가 죽은 듯한데, 송양국에서는 자기 왕실의 외손이며 차기 왕이 될 도절을 동부여에 인질로 보내는 것에 강한 반대와 불만을 표시했을 것이다. 이런 이유로 유리왕은 결국 아들 도절을 동부여로 보내지 못하게 되었다.

동부여왕 대소는 자신이 제안한 인질 교환이 이루어지지 않게 되자 매우 불쾌하게 여기고 친척간에도 믿음을 갖지 못하는 자라고 유리왕을 욕하며 결국 많은 군사를 이끌고 공격해왔다. 그러나 때가 마침 겨울이었는데, 눈이 매우 많이 와서 추위와 눈 때문에 큰 피해를 입은 대소왕은 군대를 돌려 돌아갔다.

유리왕 20년(서기 1) 정월에 도절은 죽었다. 어머니의 사랑을 받지 못하고 자라난 그는 동부여에 인질로 갈 것을 거부함으로써 아버지와의 거리도 멀어져버렸다. 그는 고구려의 풍습대로 어려서 외가 나라인 송양국에서 자랐을 가능성이 있으며 따라서 그곳에 마음을 주고 있었을 테지만, 이제 나이가 스무살에 가까워지면서 송양국에도 자주 출입할 수 있는 형편은 아니었다. 그곳에도 그와 비슷한 연배의 다른 왕족들이 있었을 것이므로 왕위를 노린다는 오해를 받을 수도 있기 때문이다.

그는 외로움으로 마음에 병이 들고 거기서 시작된 몸의 병을 앓게 되었을 것이다. 그러다가 17, 8세의 꽃다운 나이에 그만 세상을 떠나고 말았다. 이때 유리왕의 심정에 대해서는 역사책에 아무런 말이 없다. 그러나 비록 한때 섭섭한 마음이 있었을지라도 자식을 영원히 미워하는 부모는 없으니, 외롭게 자란 아들을 먼저 떠나보낸 유리왕의 슬픔은 말할 수 없이 컸을 것이다.

돼지의 길을 따라 국내성으로 천도하다

유리왕 21년(서기 2) 3월에 하늘에 지내는 제사인 교제(郊祭)

에 쓰일 제물인 돼지가 도망가는 일이 벌어졌다. 이 일은 2년 전에도 한번 있었던 일이었다. 교제는 하늘의 아들을 자부하는 천자인 왕이 하늘에 지내는 제사이다. 따라서 이 제사에 제물로 쓰이는 돼지는 특별히 관리, 사육되고 있었는데 그만 일을 맡은 자들의 잘못으로 놓치고 말았던 것이다. 지금 생각으로는 다른 돼지를 대신 잡아서 쓰면 될 것 같지만, 그때에는 제물을 특별히 구별하여 조심스럽게 사용했기 때문에 원래 구별해놓은 돼지를 놓치면 제사를 못 드리게 되었던 듯하다. 2년 전에 돼지를 놓쳤을 때에는 쫓아간 사람들이 돼지를 붙잡으려다가 칼로 돼지의 다리를 상하게 하여 처형된 일도 있었다는 기록이 보인다.

그런데 이번에 달아난 돼지는 지난번 돼지보다 더 멀리 달아났다. 비류수가에서 달아난 돼지는 1백km도 훨씬 넘게 떨어진 지금의 집안(集安, 지안)인 국내성(國內城)의 위나암(尉那巖)이란 곳에서 잡혔다. 그런데 이때 돼지를 잡으러 갔던 설지(薛支)라는 사람은 돼지를 일단 그곳에 살던 어느 농부에게 맡겨두고 돌아와 왕에게 보고하였다. 그는 유리왕에게 자기가 본 위나암 일대의 지형적 특징과 그 지역에서 무엇이 많이 생산되는지도 이야기하였다.

"신이 돼지를 쫓아가 국내성의 위나암에 이르렀습니다. 그곳은 산수(山水)가 험한데 땅은 농사짓기에 좋고 사슴 등의 짐승과 물고기도 많이 있었습니다. 만일 그곳으로 수도를 옮기시면

교제의 제물 돼지를 따라 도읍했다는 고구려의 수도 국내성의 1930년대 모습(왼쪽). 지금은 주택가에 인접해 많이 손상되었다. 오른쪽은 그나마 남은 국내성 북벽의 일부.

백성들이 먹고사는 일이 한결 수월해질 것이며 병란(兵亂)의 큰 피해도 면할 수 있을 것입니다"라고 말했다.

국내성이 있던 중국의 집안지방은 지금도 북쪽으로는 노령(老嶺)산맥이 북풍을 막아주어 연중 평균기온이 비교적 높고 강수량도 풍부한 편으로 농사에 좋은 기후를 가지고 있다고 한다. 따라서 당시 설지가 한 말은 농경과 생활에 유리한 국내성 일대의 조건을 제대로 관찰한 결과에서 나온 것이라고 여겨진다.

사실 유리왕은 아버지 주몽이 처가로부터 물려받은 비류수 강가의 당시 도읍지가 별로 마음에 들지 않았을 것이다. 그곳은 자기의 고향도 아니며 이제는 자기 곁을 떠나버린 이복동생인 비류와 온조의 외가마을이었던 것이다. 그리고 본래 그곳에 살던 많은 사람들이 두 동생을 따라서 남쪽으로 떠나갔으며 그곳에서 사랑하던 아들 도절을 잃기도 하였다. 아울러 비류수가에는 자신의 처가 왕국인 송양국이 가장 강력한 나라를 이루어 고구려 연맹의 맹주로 있었으므로 그 나라를 물리치고 나라다운 나라를 이루기는 매우 힘든 형편이었다. 유리왕은 동생인 비류와 온조가 졸본부여를 떠나 남쪽으로 가서 새 나라를 건설하겠다고 나선 사실을 곰곰이 회상해보면서, 그곳에서 자란 두 동생들이 이미 졸본에서는 송양국을 제치고 나라다운 나라를 경영하는 일이 어렵다는 사실을 알고 그렇게 결정했으리란 생각도 했을 법하다. 더구나 이때에는 각 지역에서 새로 이주해 들어오는 백성들이 상당히 늘어나고 있었는데, 아버지의 뜻을 이어 나라다운 나라를 세우려면 이제는 더욱 넓은 지역에 터전을 닦지 않으면 안 된다고 생각하게 되었다. 특히 그즈음 주변종족에 대한 한나라의 압력이 심해지고 있었기에, 중국의 군현(郡縣)에서 멀리 떨어지는 것이 나라의 장래를 위해서는 좋은 일이 되리라 여겼다. 자신의 나라 졸본부여는 비류수의 서쪽에 있어서 중국의 침략이 있으면 적이 곧 들이닥칠 위치였으니 방어에도 어려움이 예상되었다. 나라가 처한 이러한 지리적·정치적 상황과 왕의 마음을 잘 알고 있던 설지는 이 기회를 빌려 수도를 옮길 것을 권했던 것이다.

　유리왕은 하루라도 빨리 나라를 새롭게 하고 싶었다. 그리하여 그는 몇달 후에 직접 국내성의 위나암을 찾아가서 그 일대 산천의 모습을 살펴보았다. 왕은 "바로 이곳이다. 나도 이제 아버지가 만들어준 그늘에서 벗어나 한층 발전된 국가를 만들 때가 된 것이다. 다소 고생스럽겠지만 더 많은 주민이 살 수 있고 자원도 풍부하며 압록강물을 이용한 교통도 편리한 이곳에 나의 영원한 나라를 세우자”고 다짐하였다.

사실 압록강 중하류지역은, 지금의 환인 일대를 흐르는 혼강 유역이나 평안북도 강계 일대를 흐르는 독로강 유역과 더불어, 부여족을 주축으로 구성된 원고구려 주민들이 주로 모여살던 곳이다. 한사군의 하나인 현도군이 설치되었을 때에는, 국내성 일대를 위시한 압록강 중하류에 살던 주민들이 가장 수가 많아 큰 세력집단을 이루고 있어서 ‘으뜸되는 고을’이란 뜻의 ‘고구려’라 불렸으므로 바로 이들 위에 고구려현이 설치되었던 것으로 여겨진다.

그런데 처음의 고구려현에 편성된 고구려 사람들 가운데 중국 측에 우호적인 일부는, 기원전 75년에 현도군이 원고구려 주민들에게 쫓겨갈 때 현도군을 따라서 중국 방향으로 이주해갔다. 반면에 현도군의 통치에 반발해온 상당수의 주민들은 현도군과의 전쟁에서 많은 사상자를 내고 세력이 크게 약화되어 그후 송양국에 고구려연맹의 맹주자리를 내어주고 말았던 것이다. 유리왕과 그의 신하들은 이같은 과거의 역사를 알게 되면서, 자신들의 국가를 옛 고구려가 있던 국내성 일대로 옮겨 압록강변의 주민들을 합쳐서 송양국보다 더 강한 나라를 이루어보려고 한 것이다.

　유리왕이 천도(遷都)를 결심하자 그의 깊은 뜻을 잘 모르던 많은 사람들은 반대를 하였다. 신하들은 우선 천도에 따라나설 주민들이 많지 않을 가능성이 있다고 걱정하며 반대하였다. 사실 신하들 자신도 그곳에 가지고 있던 농토와 집을 버리고 새 고장에 가서 고생할 생각을 하니 수도를 옮기는 일에 찬성하고 싶은 마음이 별로 없었을 것이다. 심지어는 왕비나 후궁들 중에도 천도를 만류하는 이들이 있었다. 그러나 유리왕은 "송양국을 비롯하여 큰 마을들이 자리하고 있는 이 비류수가의 좁은 졸본 지역에 안주하고 있다가는 결코 나라다운 나라를 이룰 수 없소. 또한 장차 중국의 침략이 있게 된다면 우리는 꼼짝없이 그들의 종과 같은 신세가 될 것이오. 더구나 하늘에 드릴 제물인 돼지가 수백리 길을 달아나 새 수도의 터를 안내해준 것은 하늘의 뜻이 아니고서는 있을 수 없는 일이오. 그대들은 현재의 작은 편안함을 택하다가 장래의 큰 불행을 맞지 않도록 짐의 뜻을 따라주시오" 하며 간곡하게 설득하였다.

　고구려에서는 아무 먹이나 잘 먹고 번식력도 강한 돼지를 매우 복되고 신성한 동물로 여겼다. 이는 우선 왕이 하늘에 드리는 제사인 교제의 제물로 돼지를 사용하고 있던 데서 잘 알 수 있다. 아들이 없던 산상왕(山上王)의 서자로 태어나 왕위에 오른 고구려의 제11대 왕 동천왕(東川王)도 바로 그 교제의 돼지와 관련하여 잉태되었다. 산상왕 12년(서기 208) 겨울에 역시 교제에 쓰일 돼지가 달아났다. 돼지는 주통촌(酒桶村)이라는 마을까지 달아났는데 이때 웬 아리따운 처녀가 웃으며 그 돼지를 잡아 쫓아갔던 관리들에게 주었다. 산상왕이 이 이야기를 듣고 매우 신기하게 여겨서 백성의 옷으로 갈아입고 그녀의 집에 찾아가 하룻밤을 같이하게 되었다. 여인은 곧 잉태하여 아들을 낳았는데 그가 바로 뒤에 동천왕이 되는, '교(郊) 제사의 돼지'라는 뜻의 이름을 가진 '교체(郊彘)'이다. 그런데 『삼국사기』에는, 이 일이 있기 5년 전에 아들을 얻기 위해 기도하던 산상왕의 꿈에 천신(天神)이 나타나서 후궁을 통해 아들을 주겠다는 약속을 한 사실이 있었음을 전하고 있다. 천신에게 제사지내는 데 쓰이는 제물인 돼지가 천신의 뜻을 이루게 하는 실마리를 제공하였던 것이다. 돼지를 복되고 신성하게 여겨서 이 동물이 하늘의 뜻을 전하기도 한다고 생각한 고구려 사람들의 관념은 지금까지 우리에게 전해져서 흔히 돼지꿈은 재물과 행운을 가져다준다고 생각한다.

　왕과 측근 신하들의 끈질긴 설득으로 신하들의 다수가 천도를 찬성하는 쪽으로 의견을 모았다. 그리하여 1년 동안의 바쁘고 힘든 준비기간을 거쳐 유리왕 22년(서기 3) 추수를 마친 초겨울에 집안의 국내성으로 수도를 옮겼다. 수도를 옮긴 왕은 우선 위나암성을 쌓았다. 이 성은 평상시에 생활하던 강변의 평지에 있던 국내성과 별도로 그 배후에 외적의 공격을 대비하여 쌓은 산성

사진 우윤희

국내성의 배후에 자리하여 유사시 왕과 군사들이 들어와 항전했던 환도산성. 천연의 산봉우리와 등성이를 이용해 쌓는 고구려 산성의 특징을 보여준다.

인데, 지금도 그 흔적이 남아 있는 집안의 환도산성(丸都山城)으로 여겨진다. 이 산성은 그 둘레만도 거의 7km에 달하는 거대한 규모이다. 다만 지금 남아 있는 유적은 동천왕 20년(246)의 중국 위(魏)나라 관구검(毌丘儉)에 의한 함락과, 고국원왕 12년(342)의 성의 수리와 곧 이어진 전연(前燕) 모용황(慕容皝)의 침략군에 의한 대파괴를 거친 후에 다시 수리한 것의 남은 형체이다. 따라서 유리왕 때에 최초로 쌓은 성의 구조는 지금의 모습보다는 단순하고 원초적인 것이었다고 여겨진다.

수도를 옮긴 유리왕은 다소 들뜬 기분이 되었다. 경쟁적인 나라도 가까이 없고 사냥터도 많은 이곳에서 며칠씩 사냥을 하며 즐기기도 하였다. 이때 주몽을 따라왔던 세 친구 중의 하나인 원로대신 협부가, 새 수도에 와서 민심이 안정되지도 않았는데 왕이 사냥을 다님은 부왕인 주몽왕의 위업을 그르칠 수도 있는 일이라고 아뢰었다. 왕은 진노하여 협부의 관직을 파하고 대신 그에게 나라 정원(庭園)의 사무를 맡는 천한 일을 하게 하였다. 그러자 이를 분하게 여긴 협부는 지금의 남한에 있던 한족(韓族)의 땅으로 달아나버렸다. 천도라는 큰일을 마치고 일종의 해방감을 느꼈을 유리왕과, 왕의 들뜬 모습을 보면서 걱정스런 마음을 갖게 된 원로대신의 마찰은 그만 건국공신의 한 사람이 국가를 이탈하는 결과를 가져오게 된 것이다. 물론 주몽을 따라 동부여에서 왔던 협부로서는 주몽과 함께 고생하며 터를 잡은 졸본을 떠나 수도를 옮기자 불만을 가졌을 가능성도 있다.

　수도를 압록강변 국내성으로 옮긴 유리왕은 이듬해인 재위 23년(서기 4) 봄 2월에 왕자 해명(解明)을 태자로 삼고 나라 안의 죄수들을 용서하여 풀어주었다. 해명태자는 두번째 얻은 두 왕비 중의 하나인 화희가 낳았을 가능성이 있는데, 수도를 옮긴 뒤 나라의 기운을 새롭게 하기 위하여 이미 죽은 태자 도절을 이어 새로 태자로 세운 것이다.

　수도를 옮기는 것은 나라의 심장부가 이사하는 일이었으니, 그에 따른 변화가 너무나 컸던만큼 나라는 쉽게 안정되지 않았다. 수도를 옮겼다 해도 본래의 터전인 졸본부여는 여전히 영토 안에 있는 이상 그곳의 모든 사람이 다 이주할 필요는 없었다.

그러나 대다수 관리들과 함께 백성들의 상당수가 고향과 농토를 떠나야 했는데, 백성은 물론 마지못해 찬성했던 신하들도 비류수가의 고향 마을을 쉽게 떠나려 하지 않았다.

왕은 오지 않으려는 사람들을 강제로 또는 설득하여 새 수도에 옮겨살도록 하였다. 한편으로는 새 수도의 근처에 있는 유력한 마을을 찾아가서 그곳 족장들을 자신의 신하로 삼아 국력을 키워갔다. 유리왕 21년에 사물택(沙勿澤)이란 못가에서 만난 족장에게는 '위(位)'라는 성씨를 내리고 이름도 사물이라고 붙여주었다. 그리고 유리왕 24년(서기 5)에 기산(箕山)이라는 들에서 사냥하다가 만난 양어깨 밑에 날개를 달고 있는 이상한 사람에게도 날개라는 뜻의 '우(羽)'씨를 성씨로 내리고 공주에게 장가들게 하여 신하로 삼았다.

한편, 졸본에서 수도를 국내성으로 옮긴 이후 유리왕의 나라가 어떻게 불렸는지도 살펴볼 문제이다. 졸본에 있을 때는 '서국'이나 '졸본부여'로 불려왔지만 국내성으로 천도한 이후 그 나라 이름을 그대로 쓸 수는 없었을 것이다. 그런데 유리왕이 국내성으로 천도한 이유 중의 하나가 애초에 고구려현이 설치되었던 '으뜸되는 고을'인 옛 '고구려'의 땅과 주민을 다시 모아 고구려연맹의 맹주가 되려는 것이었다. 따라서 유리왕은 천도를 통해 옛 고구려의 땅과 주민을 차지하게 되자 그곳의 옛이름을 다시 써서 자기 나라를 '고구려'라고 했을 가능성이 크다. 마치 왕건(王

建)이 고구려의 영토에서 일어나 고려(高麗)라고 하거나 견훤
(甄萱)이 백제의 땅에서 일어나 후백제(後百濟)라고 한 것과
마찬가지인 것이다. 물론 고구려연맹 안에서는 하나의 부로서
계루부로 불리기도 했을 것이다.

토착 수신의 동맹제 수용과 국가적 신앙의 체계화

하루라도 빨리 나라를 다시 안정시키기 위해 궁리하던 왕과
신하들은 수도를 옮긴 뒤 맞는 첫 추수를 기념하여 국가적인 제
사를 새롭고 성대하게 지내기로 하였다. 어수선한 민심을 모으
려 한 것이다. 본래 부여족들에게는 한겨울인 음력 11월(양력 12
월)에 하늘에 제사하는 영고(迎鼓)라는 큰 행사가 있었다. 부여
의 이 제천행사에서는 천신과 그의 아들이라고 여기던 부여의
건국시조 동명에게 제사를 지냈다.

부여족의 일부가 내려와 살게 된 비류수가 졸본부여에서도 이
제사는 이어졌다. 그러나 그곳에서는 부여가 건국될 때에 비해
생업으로서의 농업의 비중이 더 커졌다. 따라서 이곳 사람들은
부여의 영고를 계승하면서도 행사시기를 약간 변경하여 농사가
끝나고 추수를 막 마친 계절인 음력 10월에 제사를 드리게 된 듯
하다. 이 행사에서는 온 나라 사람들이 모여서 하늘의 신께 제사
하고 노래하고 춤추며 즐겁게 감사의 축제를 벌였다. 이때에 가

벼운 죄를 지은 사람들을 용서하여 풀어주기도 하였다. 사람들은 이 축제를 통해 한해의 피로를 풀고 서로 화합하여 다음해도 열심히 살자고 다짐하였다.

졸본에서부터 지내왔을 이 제사는 동맹(東盟)이라는 이름으로 불렸는데, 이는 천신과 함께 제사지내던 부여족의 시조 동명(東明)의 이름에서 나온 것으로 여겨진다. 고향을 떠나서 멀리 비류수가에 내려와 살던 부여족들은, 자신들의 조상을 잊지 않기 위해서 부여의 제천행사인 영고에서 제사지내던 하늘의 아들 동명에게 여전히 제사를 지냈던 것이다. 그런데 이렇게 두 이름이 약간 차이가 나는 것은 '동명'과 '동맹'의 그 당시 음이 지금과는 달리 같았거나, 아니면 이 기록을 남긴 중국인들이 잘못 듣고 그렇게 적어두었기 때문일 가능성도 있다.

유리왕과 신하들은 수도를 압록강가 국내성으로 옮긴 후 처음 맞는 동맹제를 성대하고 의미있게 잘 치르기 위해 생각하고 또 연구했을 것이다. 제사를 잘 지냄으로써 사람들의 마음을 모을 수 있다면 수도를 옮긴 이 나라가 빨리 안정될 수 있을 것이기 때문이다.

수도를 옮기기 전부터 그리고 옮긴 후에도 유리왕은 신하들을 데리고 새 수도인 국내성 부근을 자주 돌아보면서 사냥도 하고 민심을 살피며 특히 지형을 유심히 관찰하곤 하였다. 만약 외적이 쳐들어온다면 나라를 지켜내기 위해서는 수도 일대의 지형을

유화가 수신으로 현현하는 모태가 되는 국동대혈 안에서 바라본 입구. 이 굴의 수신을 국가적 제사에서 받들게 됨으로써 형성과정에 있던 주몽신화는 새로운 전기를 맞게 되었다.

잘 알아야 했기 때문이다.

그러던 중 그들은 국내성 앞을 흐르는 압록강을 타고 동쪽으로 약간 올라간 곳에 있는 산에서 아주 신비스러운 굴을 발견하였다. 이 산에는 중턱과 그 위에 두 개의 굴이 있었는데, 그 지방에 이미 살고 있던 사람들은 이 굴에 신이 살고 있다고 믿고 매년 모여서 제사를 드리고 있었다. 이 굴들은 지금도 국내성 동쪽으로 약 17km되는, 압록강변으로부터 몇백 미터 정도 들어간 지점에 있다. 두 굴은 고구려 수도였던 국내성의 동쪽에 있는 큰 굴이란 뜻으로 흔히 '국동대혈(國東大穴)'이라고 하는데, 그중 더 위에 있는 굴은 그 양쪽이 뚫려 하늘을 볼 수 있어 '통천동(通天洞)'이라고 불린다. 그리고 이 굴 주위의 마을에는 고구려의 왕이 와서 여기서 제사를 지냈다는 이야기가 지금도 전해진다고 한다.

　이 산과 굴들을 본 유리왕과 신하들은 이곳을 신이하고 기묘하다고 생각하였을 것이다. 누군가가 말했을 듯하다. "우리나라가 이곳에 자리잡을 것을 하늘이 아시고 이곳에 이미 굴을 만들어두고 신이 살도록 하여 우리나라의 땅을 영원히 지키도록 하신 듯합니다." 유리왕과 다른 신하들도 모두 같은 생각이었을 것이다.

　옛날 사람들은 여러 신들이 있어서 이들이 세상을 만들고 제대로 돌아가게 한다고 여겼다. 하늘에는 하느님〔天神〕이 계시고 강에는 강의 신이, 산에는 산의 신이 있으며 땅에도 지신이 있다고 여겼다. 부엌에도 신이 있다고 생각했으며 거의 모든 중요한 곳에 신이 있다고 생각하는 경향이 있었다. 신이 여럿이다 보니 겹치기도 해서, 땅의 신이 산의 신이 되기도 하고 강의 신이 되는 경우도 있었다.

　유리왕과 신하들은 곧 이 굴속에 있다는 신 즉 '굴의 신〔隧神〕'을 국가적으로 섬기기로 했다. 국내성 주위에 살고 있던 주민들이 이미 땅의 신〔地神〕으로 섬겨온 이 신을 국가적으로 섬김으로써 국가의 안녕을 보장받고 이 지방 일대의 주민들의 마음을 모을 수 있다고 생각했기 때문이다. 사실 부여의 영고에서는 천신과 그의 아들인 동명을 섬겨왔을 터인데, 동명의 어머니에 대한 신앙은 없었다고 여겨진다. 부여의 시조 동명의 탄생을 전하는 동명신화에 의하면, 하늘로부터 달걀만한 기운이 내려와서 동명을 잉태하게 되었다는 그의 어머니는 왕의 천한 시비(侍婢)에 불과하여 그 이름도 전해지지 않고 있는 실정이다.

유리왕과 그의 신하들은 영고를 계승한 동맹제사에 이 지역 굴의 신이며 여신인 '수신'을 함께 제사지내고자 했는데, 본래 부여의 동명신화에는 여신이 없었기에 이 신을 추가하여 섬긴다 해도 별다른 이견이 있을 수 없었다. 만약 부여의 동명신화에 따라 동명의 어머니가 신적인 존재로 설정되어 숭배를 받았다면, 그녀를 대신하여 이곳 굴의 신 즉 수신을 새롭게 신으로 모시는 일은 강력한 반대에 부딪혔을 것이다.

굴도 땅에 있으니 수신은 당연히 지신이 되기도 하는데, 옛날 사람들은 흔히 하늘을 아버지, 땅을 어머니로 여기고 숭배해왔다. 그래서 지신인 수신을 동맹제에서 새롭게 제사하게 되면, 아버지인 천신과 어머니인 지신 그리고 이들 사이에서 태어난 동명을 제사지내는 셈이니 이 신들간에 가족관계가 이루어져 사람들이 이해하기도 쉬워질 것이었다.

물론 주몽의 어머니인 유화의 신묘가 이미 비류수가 졸본에 세워져 제사를 모셔온 것은 앞서 본 바와 같다. 그리하여 주몽과 관련하여 그녀의 신성성도 높아져왔을 것이다. 그러나 그녀는 졸본에 산 것이 아니고 동부여에 살았으므로, 막연히 소문을 통해 들은 그녀의 신성성이나 감화력은 졸본의 주민들에게는 크지 않았다. 유리왕은, 이미 졸본부여 사람들이 아버지인 주몽왕을 부여의 동명과 같이 신성하게 여겨 동맹제에서 제사하는 천신의 아들로 생각해왔음을 알고, 주몽의 모친인 유화를 이 지역의 수신과 연결하여 천신의 아내이자 주몽의 모신(母神)으로 모심으로써 조상신들을 하나의 가족관계로 묶어 동맹제를 감화력이 높은 국가적 제사로 재탄생시키려 했던 것이다.

이즈음 부여의 시조 동명과 졸본부여의 동명왕 주몽이 동맹제에서 어떻게 인식되고 있었나 하는 문제를 생각해볼 필요가 있다. 졸본에 살던 부여족 사람들은 전통에 따라서 부여의 동명을 섬겨왔겠지만, 그곳에 나타난 고주몽이 주민들을 크게 감동시키며 왕노릇을 잘해나가자 그를 신성시하게 되어 주몽신화가 엮이기 시작했다. 유화의 신묘가 생기면서 이야기는 좀더 구체적으로 발전해갔을 것이고, 고주몽이 극적으로 죽어 장사를 치르고 아들인 유리왕자가 우여곡절 끝에 왕위에 오르면서 신화의 내용은 더욱 보강되었을 것이다.

주몽이 왕위에 있을 때에 이미 부여의 동명을 대신하여 신화의 주인공이 되어가고 있었음은, 주몽왕 재위기에 졸본에 함께 살다가 그가 죽은 후에 한강유역으로 내려간 온조왕과 그의 백성들이 백제의 건국과 동시에 동명왕묘를 세운 사실을 보아도 알 수 있다. 동명왕묘는 막연하게 부여족의 시조로 여겨지던 부여의 동명을 모신 사당이라기보다는 얼마 전까지 살아 있던 온조왕의 아버지인 주몽왕의 사당으로 보는 것이 옳은데, 물론 온조왕은 아버지의 무덤에 가볼 수 없는 처지라서 곧바로 사당을 세웠을 것이다. 그러나 아버지 주몽이 졸본에서 왕노릇을 하면서 하늘의 아들로 생각될 만큼 주민들에게 크게 신망을 얻었고 다시 하늘로 돌아가 신이 되었다고 여겨졌던만큼, 아버지의 사당을 우선적으로 세워 그의 후광을 자신의 건국사업에 유리하게 이용하려는 면도 있었던 것이다.

주몽왕이 죽은 다음에 그의 아들 유리왕이 아버지를 신처럼 받들어 제사하기에 이르러, 사람들은 졸본부여의 동맹에서 제사지내는 천신의 아들이 부여의 동명이라는 생각을 차츰 잊고 오히려 그곳에서 살다가 하늘의 신으로 돌아간 고주몽이라고 여기게 되었을 것으로 생각된다. 잘 알지도 못하는 먼 옛날 부여족의 시조보다는, 자신들이 직접 보았거나 혹은 바로 부모들로부터 그 영웅적인 활약상을 들어 알고 있던, 자신들이 속한 나라의 신화적 시조왕을 더욱 받들었을 것은 당연한 일이다.

그런데 이제 새로이 천도를 하여 국내성 가까이에 있던 수신을 천신의 아내로 제사하게 되니, 그 여신이 낳은 동맹제의 천신의 아들은 천도와 더불어 졸본부여에서 고구려로 국호가 바뀐 유리왕이 지배하던 나라의 주민들과 더욱 사실감 있고 친밀한 관련성을 갖게 될 것이다. 그렇게 되면 천신의 아들로서 고구려인들이 막연히 들어 알고 있던 부여의 동명은 백성들의 뇌리에서 더욱 지워지고, 옛 수도인 졸본에서 얼마 전까지 살았던 영웅적인 왕 고주몽이 그 자리를 확실히 차지하게 될 것이다. 이런 현상은 전체적으로 보면 신앙의 토착화라고 하겠는데, 설득력과 감화력이 큰 현지신 중심의 신앙체계가 세워지면서 고주몽은 천신과 지신(수신)의 아들로서 더욱 확고한 신적 지위를 확보해갈 수 있었을 것이다.

당시의 주민들은 본질은 그대로인 채 여신인 지신(地神) 즉, 수신(隧神)이 보강된 이 새로운 제사방식을 쉽게 이해하고 받아들였다. 물론 신성한 제사방식을 조금이라도 바꾸는 것을 싫어하는 사람도 있을 수 있고, 따라서 약간의 반대자도 있었을 가능성을 부인할 수는 없지만, 본 제사의 내용을 전혀 흐리지 않고 어머니 역할을 하는 수신만 보완한 것이므로 비교적 쉽게 받아들여진 것으로 여겨진다. 3세기말에 편찬된 중국인이 지은 『삼국지(三國志)』 동이전에는 "10월에 하늘에 제사를 지냈다. 나라 사람들이 크게 모였으니 이름하여 동맹(東盟)이라고 한다. (…) 수도의 동쪽에는 큰 굴이 있어 이름을 수혈(隧穴)이라고 한다. 10월에 나라가 크게 모일 때에는 그 굴에서 수신(隧神)을 맞이하여 수도의 동쪽 강가에 와서 제사를 지냈다"고 하여, 고구려의 제천행사인 동맹제에서 수신(굴의 신)도 제사지냈음을 보여준다.

부여의 동명신화를 빌려서 천신과 주몽의 관계를 중심으로 이야기되던 주몽신화는, 주몽의 모친 유화의 신묘가 세워진 후 내용이 약간 보태지다가, 새롭게 천신의 아내이자 동명(주몽)의 어머니가 되는 수신을 동맹제에서 제사하면서, 수신 즉 유화를 둘러싼 더욱 풍성한 이야기로 발전해갔을 것이다. 여신의 존재가 뚜렷해지면서 주몽신화는 남신과 여신의 사랑이야기를 포함하는 재미있고 드라마틱한 이야기로 엮여갔다.

여기서, 앞으로 그 형성과정과 내용을 살펴보게 될 고구려의 주몽신화를 잘 이해하기 위해 그것의 원형인 부여의 동명신화가 어떠했는지를 알아볼 필요가 있다. 부여의 시조 동명에 대한 신화를 전해주는 가장 오래된 자료는, 1세기에 중국 후한의 학자 왕충(王充)이 지은 『논형(論衡)』이라는 책이다. 이 책 제2권에는 당시에 중국의 북동쪽에 있었던 부여의 시조 동명에 대한 신화가 다음과 같이 전해진다.

북쪽 오랑캐〔北夷〕에 있는 탁리국(橐離國) 왕의 시비(侍婢)가 임신을 하였다. 왕이 그녀를 죽이려 하니 그 시비가 대답하기를 "달걀만한 크기의 기운〔氣〕이 하늘에서 내려와 그로 말미암아 제가 임신을 하였습니다"라고 하였다. 뒤에 아들을 낳으니, 돼지우리 안에 버렸으나 돼지가 입김을 불어주어 죽지 않았고, 다시 마구간 안으로 옮겨 말에게 깔려죽게 하려 했으나 말도 입김을 불어주어 죽지 않았다. 왕은 이자가 하늘의 아들〔天子〕일지도 모른다고 생각하여 그 어미로 하여금 거두어 노비처럼 기르게 하였다. 동명(東明)이라 이름짓고 소와 말을 기르게 하였다. 동명은 활을 잘 쏘았는데 왕은 나라를 빼앗길까 두려워하여 그를 죽이려 하였다. 동명은 남으로 달아나 엄체수(掩遞水)에 이르러 활로 물을 치니 물고기와 자라가 떠올라서 다리를 만들어주었다. 동명이 물을 건너니 물고기와 자라가 흩어져버렸다. 쫓아오던 병사들은 강을 건널 수 없었다. 이리하여 도읍을 정하고 부여(夫餘)의 왕이 되었다. 그리하여 북이(北夷)에 부여국이 있게 되었다.

이 내용은 앞으로 보게 될 고구려의 주몽신화와 비슷한 내용도 많지만 다른 부분도 적지 않다. 사람들은 같은 내용을 말하는 경우——여기서는 건국사업이 되겠다——흔히 자기들이 이미 잘 알고 있는 이야기에다 말하고자 하는 새로운 인물과 그들의 행위를 바꿔넣어 이야기를 만들어가므로 그렇게 된 것이다.

유리왕과 태자 해명이 대립하다

다시 유리왕대의 일로 돌아가보면, 수도를 옮긴 일은 왕의 가족 내에서도 문제를 일으키고 있었다. 유리왕과 달리 비류수가 졸본에서 태어나 자랐고 그곳에 외가를 둔 태자 해명(解明)은 수도를 옮긴 뒤에도 고향을 떠나지 않으려 하였다. 그리하여 수도를 옮긴 지 6년이 되도록 옛 도읍지에 그대로 살고 있어서 유리왕이 안타깝게 여기며 이주할 것을 독촉하는 형편이었다.

유리왕 27년(서기 8) 옛 수도에 살고 있던 태자 해명은 외교적으로 아주 미묘한 문제를 일으켰다. 해명은 아주 힘이 세고 용감하여 그 소문이 널리 퍼져 있었다. 그 위치는 확실치 않으나 황룡국(黃龍國)이라는 나라의 왕이 이 소식을 듣고 해명에게 강한 활을 보내왔다. 자신을 시험하는 일이라고 생각한 해명은 그 사신이 보는 앞에서 활을 당겨 부러뜨렸다. 그러면서 "내 힘이 센 것이 아니라 활이 너무 약하오"라고 말했다. 이 소식을 들은 황룡국의 왕은 매우 부끄러운 심정이 되었다. 자기 나라에서 만든 그 활은 매우 강해서 결코 꺾이지 않으리라고 여겼는데 단숨에 활이 부러졌으니 그의 자존심이 매우 상했을 것은 분명한 일이다.

새 수도에 살고 있던 유리왕은 이 소식을 듣고 진노하였다. 겨우 수도를 옮겨 나라의 기틀을 닦고 있는 이때에 다른 나라에서 보낸 선물을 사신이 보는 앞에서 부러뜨렸으니 외교적으로 매우 실례가 되는 일이었기 때문이다. 사실 고대사회에서 이런 일은 국가간의 자존심이 걸린 문제라서 전쟁으로 발전할 만한 사건이기도 하다. 유리왕은 황룡왕에게 사과하고 무례한 자기 아들을 베어 죽여도 좋다고 전했다. 이에 황룡왕은 사신을 보내 해명을 초대하여 죽이려 하였으나 결국 그의 위엄에 눌려 죽이지 못하고 예의를 갖춰 돌려보냈다고 한다.

아무리 왕이라도 아버지가 외교적인 일로 아들을 죽여도 좋다고 할 수 있는가 하는 부분은 지금으로서는 다소 이해하기 어려울 수도 있는데, 이는 겨우 자리를 잡아가고 있던 유리왕이 황룡국의 보복공격을 막기 위해 불가피하게 선택한 방법이라고 볼 수 있다. 다른 한편으로 유리왕과 해명의 이같은 갈등은 어쩌면 왕위를 걸고 싸우던 부자간의 권력투쟁이었다고도 해석할 수 있다. 옛 수도를 근거지로 하던 해명태자의 외가와 그의 측근세력들은 국내성으로 이사하지 않고 그대로 옛 수도에 살면서 그곳을 중심으로 하여 영토를 지배하기를 희망했던 것이다. 그리하여 새 수도를 중심으로 국가를 재건설하려는 유리왕측과 세력을 다투는 상황에 있었다. 여기서도 유리왕의 졸본부여에서의 외로운 처지를 짐작해볼 수 있는데, 졸본에 이렇다 할 연고가 없던 그가 결국 그곳을 떠나 새로운 지방에 수도를 세우려 했음은 앞서 이야기한 것과 같다. 이들이 대표하는 두 세력의 입장이 달랐으므로 부자간에는 왕위를 두고 목숨을 건 싸움이 벌어졌던 것이다. 부자간이라도 왕의 자리를 놓고 대립한 일은 동서고금에 적지 않으니, 고려와 조선 시대에도 있었으며 그중 영조(英祖)와 그에게 죽임을 당한 아들 사도세자(思悼世子)의 일은 너무나 유명하다.

다음해인 유리왕 28년(서기 9) 3월에 유리왕 부자의 갈등은 마지막 단계에 이르렀다. 유리왕은 옛 수도에 있는 해명에게 신하를 보내 천도에 따르지 않고 외교적으로도 문제를 일으켜 불충과 불효를 저질렀으니 자결하라고 칼을 내렸다. 해명이 곧 죽으려 하자 옆에 있던 어떤 이가 말하기를 "태자께서는 왕의 자리를 계승할 사람인데 한번 사자가 와서 죽으라 했다고 하여 가볍게 죽는 것은 안될 일입니다. 만약 그가 거짓으로 꾸며서 하는 일이라면 어떻게 하려고 하십니까?" 하며 말렸다.

그러자 해명은 "내가 지난번에 활을 꺾은 것은 황룡국에서 강궁(强弓)을 보내면서 우리를 가볍게 여길까 염려하여 한 일이었다. 그런데 아버님은 나를 불효자라 하시는구나. 그러나 자식된 도리로 어찌 아버지의 명령을 어기겠느냐?" 하고 말했다. 그리하여 들판에 나가서 창을 땅에 꽂아두고 말을 달려가서 뛰어내려 찔려죽고 말았다. 그때 해명의 나이는 스물하나였다. 유리왕은 죽은 아들을 태자의 예로써 장례를 치러주고 사당을 세워주었으며 그곳의 이름을 창원(槍原)이라고 하였다. '창의 들판'이라는 뜻을 가진 '창원'이라는 지명은 이처럼 슬픈 해명태자의 이야기를 후세에 전설로 전하고 있는 것이다.

참으로 어처구니없는 일이지만 왕의 자리라는 절대권력을 둘러싼 대립이 결국 아버지에 의해 아들이 죽어야 하는 결과를 가져온 것이다. 해명태자의 죽음은 매우 억울한 듯도 보이지만, 아버지에게 저항하며 더구나 새로운 국가를 건설하려는 아버지를 적극 돕지 못한 점은 안타까운 일이라 하겠다. 그런데 그가 외가나 측근세력을 쉽게 버리지 않고 새 수도로 옮겨살지 않은 데는 더 깊이 살펴봐야 할 점이 있다.

한 왕이 수십년을 재위하다 보면, 그 왕의 사랑과 관심을 받지 못하고 오랫동안 전혀 관직을 얻지 못하거나 중요한 자리에 앉아보지 못하는 사람이 있기 마련이다. 심지어 왕에게 피해를 입고 원망을 하는 사람들도 생기게 된다. 이렇게 되면 곧 왕위에 오르기로 예정되어 있는 태자에게 이러한 사람들의 관심이 모아지고 새로운 왕의 시대에 권세를 잡고자 하는 야심을 가진 이들도 모여들기 마련이다. 자연히 왕과 태자 그리고 그들을 둘러싼 사람들 사이에 깊고도 미묘한 갈등이 생기게 된다. 이 경우 만약 그 당시의 왕인 부왕이 성격이 강하거나 권력욕이 클 때는 아버지를 어찌할 수 없는 아들인 태자가 피해를 입기 마련이다. 물론 세상에는 당나라의 태종이 된 당 고조의 아들 이세민(李世民)이나 조선의 태종이 된 태조의 아들 이방원(李芳遠)과 같이 뛰어난 술수와 강한 성품을 가져서 그 아버지인 왕도 어찌할 수 없어 결국 왕위를 아들에게 물려주고 마는 경우도 있다. 해명태자가 쉽게 이해할 수 없는 이같은 죽음을 행동으로 옮긴 데에는 이처럼 그 자신도 어찌할 수 없는, 다른 사람들까지 연결된 부왕측과의 정치적 갈등이 있었기 때문이다.

한편 그가 다소 성급하게 죽음을 택할 수 있었던 것은 고대인들이 삶과 죽음을 단절된 것으로 보지 않았기에 가능한 것이기도 하다. 이 세상과 죽은 후의 세상이 끊어지지 않고 계속 이어진다고 생각한 고대인들은 죽음을 현대인들보다 더 쉽게 받아들일 수 있었다. 죽음에 대한 생각도 오늘날과 달랐던 것이다.

동부여와 갈등이 고조되다

해명이 죽은 유리왕 28년 가을에는 동부여의 대소왕이 사신을 보내와 유리왕을 꾸짖고 위협하였다. 동부여에서는 주몽과 유리왕이 자기 나라에서 나간 사람들이므로 마땅히 자기 나라가 모국이며 대국이고, 유리왕은 동부여의 왕을 섬겨야 한다고 여겼다. 그리하여 전부터 인질을 교환하고 조공을 바칠 것을 요구해왔던 것이고, 15년 전의 인질교환 요구는 당시 태자이던 도절이 가기를 거부해 이뤄지지 못한 것은 앞서 본 대로이다. 대소왕은 이때에 이르러 유리왕이 새로 도읍을 옮긴 후 어느정도 안정을 찾았다고 여겨 다시 외교적으로 압력을 가했던 것이다.

동부여 대소왕은 협박조로 "너희 나라는 우리 신하들을 꾀어 도망하게 하여 나라를 이루었으며 우리나라는 대국이고 너희는 소국이니 마땅히 너희가 예의를 갖춰 우리를 섬겨야 할 것이다. 그렇게 하면 너희 나라를 보전할 수 있을 것이나 그렇지 않으면 나라를 보전하기 어려울 것이다" 하며 동부여에 대해 신하의 나라로서 더욱 예의를 갖출 것을 요구하였다.

물론 동부여로서는 자기 나라가 주몽과 유리왕의 나라에 비해 더 오래된 나라이고 모국이나 마찬가지이기에 이런 요구를 할 만한 근거가 있기도 하다. 그러나 사실 이때에 다시 이런 요구를 한 것은 유리왕이 수도를 옮긴 사실이 동부여에 직접적인 영향을 미쳤기 때문인 듯하다.

앞에서 본 것처럼 수도를 동쪽으로 옮긴 유리왕은 자신의 세력을 넓히기 위해 각지의 족장들을 찾아 영입하고 있었다. 따라서 이제는 전보다 가까워진 동부여의 주민들까지도 자기 나라로 끌어들이려 여러모로 노력했을 것이다. 동부여의 대소왕은 여기에 자극을 받아 다시금 두 나라의 국력차이를 강조하며 대국인 동부여를 섬길 것을 요구한 듯하다.

그런데 이무렵까지 유리왕의 나라는 동부여와 대등한 국력을 갖지 못한 나라였다. 그리고 정신적인 면에서도 동부여가 적자(嫡子) 정통의 나라이며 자신의 나라는 서자(庶子)의 나라라는 사실을 부정할 수 있는 단계로까지는 나아가지 못했다. 유리왕은 나라가 선 지 얼마되지 않고 국력도 약한만큼 우선은 동부여를 섬겨 충돌을 피하려고 생각하고 신하들과 의논하여 "제가 바닷가에 치우쳐 있어 예의를 알지 못하더니 지금 대왕의 말씀을 들으니 어찌 명령을 따르지 않겠습니까"라고 동부여에 응답하였다.

　이때에 유리왕의 아들인 무휼(無恤) 왕자가 이 소식을 듣고 어린 생각에 분하게 여긴 듯 동부여의 사신을 직접 만나서 말했다. "나의 돌아가신 할아버지는 신의 아들로서 현명하고 재주가 많았는데 대왕(동부여왕 대소)이 시기하여 부왕(금와)에게 거짓으로 일러바쳐 말을 키우는 일을 해야 했소. 그래서 불안하게 여기셔서 동부여에서 나오셨던 것이오. 지금 대왕께서 옛 잘못은 생각지 않으시고 단지 군사가 많음을 믿고 우리나라를 가볍게 보고 멸시하고 계시오. 사신은 돌아가서 '지금 이곳에 알들을 쌓아놓았는데 만일 대왕께서 이 알들을 헐지 않으시면 제가 대왕을 섬길 것이요 그렇지 않으면 저도 섬길 수 없습니다'라고 대왕께 전해주시오"라고 말했다.

　수도를 옮겨 아직 어려운 처지에 있는 자기 나라의 현실을 솔직하게 말하며, 만약 이 위기를 이용하여 침략하면 결코 동부여를 섬기지 않겠다는 당돌한 어린 왕자의 이 말은 양국에서 모두 이야깃거리가 되었던 듯하다. 어린 아기 때부터 이야기를 통해 들은 자신의 할아버지 주몽왕을 존경해 마지않았을 어린 왕자가, 자기가 알고 있는 주몽 할아버지의 동부여 탈출이유를 들면서 사신에게 따졌을 장면을 생각하면 한편 웃음이 나오면서도 그의 기백이 가상하게 여겨진다.

　당시 이 어린 왕자의 나이는 6세에 불과했는데 이 일화는 그가 당당하고 용감한 성품을 지녔음을 알려준다. 이 왕자가 뒤에 아버지 유리왕을 이어 왕위에 오르게 되니, 그가 고구려 역사상 가장 용감한 왕 중의 하나인 대무신왕(大武神王)이다. 사실 이 때에 졸본에서 옮겨온 고구려에서는 이제 나이든 유리왕의 후임 이 누가 되어야 하는가가 문제였는데, 바로 이즈음부터 영웅적 기상을 가진 무휼왕자가 주목을 받았고, 그에 관한 영웅이야기 가 만들어지고 퍼져 결국 『삼국사기』에까지 실리게 된 것이다.

뒤에 대무신왕이 되는 무휼왕자는 유리왕이 처음으로 결혼한 송양국의 공주가 죽은 후 다시 맞은 송양국의 다른 공주에게서 태어난 왕자였다. 그는 할아버지인 주몽과 아버지 유리왕 못지 않게 조숙하고 용감했으며, 특히 이미 건국신화의 주인공으로 이야기되던 돌아가신 할아버지 주몽을 존경하여 따르고자 했음 을 쉽게 짐작할 수 있다. 어린 시절 어머니나 다른 어른들로부터 듣는 유명한 선대(先代)에 관한 이야기는 그 조상에 대한 존경 심을 불러일으키고 자기 가문에 대한 자부심을 한없이 높여주게 마련이다.

이듬해인 유리왕 29년(서기 10)에도 고구려는 동부여와 여전히 긴장관계에 있었다. 그런데 이해 여름에 모천(矛川)이라는 강에 서는 검은 개구리와 붉은 개구리가 서로 싸움을 하였는데 검은 개구리가 싸움에 져서 죽었다고 한다. 그런 일이 실제로 있었는 지는 잘 알 수 없지만, 이러한 얘기는 곧 전쟁으로 치닫고 있던 고구려와 동부여의 갈등관계를 보여주는 것이자 중국의 음양오행(陰陽五行) 관념을 빌려 고구려의 승리를 소망하던 당시 사람들의 마음가짐을 짐작케 한다. 중국에서 전해진 음양오행 사상에 의하면 색으로 북쪽은 검은색이고 남쪽은 붉은색이다. 따라서 이 이야기는 고구려의 북동쪽에 있던 동부여를 대개 북쪽으로 보아 검은색으로 하고, 동부여의 남서쪽에 있던 고구려를 남쪽으로 보아 붉은색으로 나타내 고구려가 승리할 조짐이 있음을 말하고자 한 것이다.

유리왕, 왕망과의 투쟁을 통해 연맹장이 되다

그런데 이즈음 역사가 뒤바뀔 만한 중대한 기회가 형성되기 시작하였다. 중국에서 왕망(王莽)이라는 사람이 한(漢)왕조를 없애고 새로 신(新)이라는 나라를 세운 것이다. 왕망은 한나라 황제의 외가쪽 사람으로 상당기간 황제를 뒤에서 도와주면서 권력을 잡고 있었는데 드디어 새로운 왕조를 세워 황제가 되었다. 그는 현실감각이 다소 부족하고 상대적으로 이상적인 것을 추구하는 사람이었으니, 중국 즉 당시의 신왕조가 이 세상의 중심으로서 마땅히 주위의 나라들보다 위대하며 다른 종족들은 한층 확실하게 중국을 주인으로 모셔야 한다고 생각하였다.

이때에 중국의 주위에 있던 종족들 중에는 흉노족이나 선비족,

고구려를 포함하는 부여족 등이 두드러진 힘을 가지고 있었다. 그중에서도 흉노는 매우 강력하여 한나라의 황제들은 그들을 무력으로 제압하려 했으나, 도리어 그들의 공격에 항복하고 결국 흉노의 대족장을 중국의 황제와 동등한 자격을 가진 존재로 인정하여 예우해주기도 하였다. 그런데 중국이 천하의 중심이고 모든 이방민족의 주인과 같은 나라라는 중화사상(中華思想)에 깊이 젖어 있던 왕망이 정권을 잡자 흉노 대족장에 대한 과거의 특별대우를 폐지하였다. 그리하여 흉노 대족장의 지위도 중국 황제보다는 한 등급 아래로 하고 신하로서 예의를 갖추도록 하였다. 흉노족은 이에 강력히 반발하여 양측간에 전쟁이 일어나게 되었던 것이다.

유리왕 31년(서기 12) 왕망은 신나라의 군대는 물론 주변종족들에게서도 군대를 징발하여 흉노족을 공격하도록 했는데, 특히 선비족과 원고구려 사회에 형성된 고구려연맹에 많은 병력을 보낼 것을 요구하였다. 1백여년 전인 기원전 107년, 원고구려인들은 위만의 손자가 지배하던 고조선이 망한 후 세워진 소위 한사군의 하나인 현도군에 소속되었다. 수십년간 중국 현도군의 간접적인 통치를 받으면서 원고구려인들은 중국측이 결국에는 자신들을 중국 한나라의 백성으로 삼으려 한다는 것을 알게 되었다. 그리하여 그들은 기원전 75년에 현도군을 공격하여 중국의 관리들을 중국 방면으로 몰아냈다.

이에 따라 원고구려 사회는 중국의 직접통치에서 벗어나게 되었다. 그러나 그들은 여전히 초강대국인 한나라의 국력을 무시할 수 없었고 중국의 비단이나 칠기, 약품 같은 고급 소비재도 필요했다. 현도군에서도 원고구려계 세력집단들과 계속 적대적으로 지내면 그들의 기습공격을 받을 수도 있고 더구나 그들이 흉노 등 다른 종족과 연합하여 중국측을 공격할 염려가 있었다. 이런 이유에서 양측은 여전히 교류를 계속하였다. 지금도 적대국임에도 외교관계를 유지하며 양쪽의 필요에 의해 중요한 상품들을 서로 사고파는 일이 있는데, 그때에도 거의 같은 이유로 서로 교류하며 필요한 물건을 사고팔았던 것이다.

왕망이 황제가 된 때에도 양측의 교류와 무역관계는 유지되고 있었다. 그런데 왕망은 마침 자기 나라가 흉노를 치는 데 고구려 연맹에서도 병사를 내어놓을 것을 요구한 것이다. 사실 고구려 연맹은 왕망이 세운 신나라의 속국이 아니므로 군대를 동원하여 흉노를 치는 일에 나서지 않아도 되었다. 그러나 중국은 워낙 큰 나라이고 왕망이 매우 강력하게 병력의 동원을 요구하므로 그 큰 나라와 평화로운 관계를 유지하려면 왕망의 요구를 어느정도 들어주지 않을 수 없었다.

이때 왕망이 얼마나 강력하게 다른 주변종족들에게 군사 동원을 요구했는지는 선비족의 경우를 보면 잘 알 수 있다. 흉노족을 치기 위해 선비족에게 군사의 동원을 요구하자 그들 역시 다른 나라를 위한 전쟁에 나서기를 싫어하였다. 그러자 왕망은 군대를 보내 선비족의 남자 장정들을 강제로 동원하면서 그들의 가족을 인질로 잡아두고 싸울 것을 요구하였다.

고구려연맹 사람들은 불만을 가졌지만 이러한 형편 때문에 부득이 왕망의 신나라와 흉노의 전쟁에 참가하지 않을 수 없었다. 그런데 이때 고구려연맹 내에서는 왕망의 나라를 돕는 데 대하여 약간의 입장차이가 있었다. 오래 전부터 졸본 지방에서 고구려연맹의 장으로서 왕노릇을 해온 송양국의 왕은 자기들에게 큰 이익이 되는 현도군과의 외교와 무역 관계를 계속 유지하기 위해서도 중국측의 요구를 어느정도는 들어주어야 할 입장이었다. 그러나 중국에서 멀리 떨어져 있고 연맹장도 아닌 국내성에 자리한 고구려국(계루부)의 유리왕은 송양국(소노부)의 왕보다는 왕망을 돕는 일에 소극적일 수 있었다.

참가하기 싫은 전쟁에 강제로 동원된 고구려연맹의 군사들은 억지로 끌려간 후 흉노와 싸우지 않고 달아나버렸다. 이때 왕망의 부하로서 요서군의 태수인 전담(田譚)이라는 이가 달아나는 고구려연맹 군사들을 추격하다가 오히려 그들에게 죽임을 당하는 일이 벌어졌다. 중국측에서는 이렇게 고구려연맹 군사들이 달아나고 전담을 죽이게 된 것은 우연히 일어난 일이 아니고 고주몽의 아들로서 역시 활을 잘 쏘아 주몽〔추騶〕이라 불리던 계루부 유리왕의 의도에 따른 것이라고 보았다.

이같은 사실은 중국의 역사서인 『후한서(後漢書)』 동이전이나 『삼국지(三國志)』 동이전에 자세히 나오는데, 그저 만들어낸 말은 아닐 것이다. 고구려연맹 사람들이 전쟁에 나서기를 싫어하였고, 유리왕은 아직 고구려의 연맹장이 아니었으나 연맹 내 두번째 세력자로서, 참전을 반대하거나 혹은 소극적인 자세를 보임으로써 그가 이런 적대적인 사태의 배후에 영향력을 행사하고 있다고 여겼던 것이다.

어떤 종족과 국가의 역사에도 변화의 계기는 찾아들게 마련이다. 유리왕은 고구려연맹 사람들이 왕망에 대해 강한 불만을 품게 되자 이를 부추겼던 것이다. 불만이 커지면 커질수록, 중국측과 오랜 조공관계를 맺어온 탓에 드러내놓고 반발은 못하고 그들을 어느정도 도울 수밖에 없었던 송양국(소노부)을 대신하여, 유리왕의 고구려국(계루부)이 고구려연맹의 중심에 서게 되었기 때문이다. 이런 사정을 알고 있던 중국측에서는 결국 유리왕이 주도하는 반발세력을 공격하도록 하였다.

중국측에서는 유리왕을 잡으려고 만나자고 하였다. 유리왕은 그들의 숨은 의도를 알아차리고 자기를 대신하여 장군인 연비(延丕)를 내보냈다. 연비를 사로잡은 왕망의 군대는 그의 목을 잘라서 수도에 있던 왕망에게 보냈다. 왕망은 그 목을 내걸고 중국의 방방곡곡에 자기에게 대항하던 고구려왕은 이렇게 죽었다고 알렸다. 그리고는 고구려(高句麗)란 이름이 너무 고상하다고 하여 하구려(下句麗)로 바꾸어 낮추어 부르도록 하였다. 왕망은 이미 같은해에 주변 이종족 왕들의 지위를 한 단계 낮추어 후(侯)로 하였으니, 이제 고구려연맹의 연맹장은 고구려왕이 아니라 하구려후로 부르도록 한 것이다.

이때 왕망군에게 잡혀죽은 사람이 정말 누구인가에 대해서는 이견이 있을 수도 있다. 그러나 유리왕이 지속적으로 활동하는 등 전후의 상황을 보면 우리나라의 역사서인 『삼국사기』에 보이는 대로 고구려의 장군인 연비가 맞다고 여겨진다. 중국측에서는 어느 단계에서 그 사실을 바꾸어 고구려의 왕이라 말하고 있었음을 알 수 있다. 고구려의 지휘관인 연비 장군을 잡은 현지의 왕망의 부하 장수들이 자신들의 공로를 과장하기 위해 죽은 사람을 고구려왕으로 보고했거나, 아니면 현지의 장수들은 제대로 알렸지만 왕망이 선전효과를 높이느라고 고구려왕의 목을 베어왔다고 거짓으로 말했을 가능성도 있다.

왕망이 고구려의 이름을 하구려로 바꾸고 고구려왕의 대우도 낮추도록 한 사실은 고구려연맹 사람들을 더욱 화나게 하였다. 그리하여 고구려인들은 적극적으로 왕망에 반대하여 그의 군대에 대항해 싸웠다. 이러한 왕망과의 투쟁과정에서 그 중심에 서서 싸운 고구려국(계루부)의 유리왕은 송양국(소노부)의 왕을 제치고 고구려연맹장의 위치를 차지하게 되었던 것이다. 이같은 사실은 왕망이 망하고 새로 등장한 후한(後漢)의 광무제(光武

帝)가 서기 32년에 왕망 때의 일을 바꾸어, 유리왕의 아들인 대무신왕을 고구려연맹을 대표하는 고구려왕으로 다시 높여주었다는 사실에서도 미루어 알 수 있다.

유리왕이 죽고 대무신왕이 등극하다

고구려의 위상이 높아지고 더욱 강성해지자 그동안 자신들이 본가이며 더 크고 강한 나라라고 생각해온 동부여는 조바심을 갖게 되었다. 고구려가 강력해지면 강력해질수록 동부여 사람들은 같은 나라의 왕족이 왕이 된 장래성이 있는 이 나라로 더 많이 내려왔기 때문이다. 그리하여 동부여 조정 내에서는 유리왕의 나라가 더 강성해지기 전에 정벌하자는 의견이 나오게 되었다.

유리왕 32년(서기 13) 겨울 동부여는 대군을 보내, 국내성에 수도를 두고 명실공히 고구려연맹 내의 맹주가 되어 '으뜸되는 고을' 나아가 '으뜸되는 나라'라는 의미의 '고구려'란 국호를 떳떳하게 사용하게 된 유리왕의 나라를 공격하였다. 이때 10세에 불과한 무휼왕자가 적군을 맞아 군사를 지휘하게 되었다. 적의 수는 많고 자신들은 수가 적은 것을 안 무휼은 정면대결을 피하고 꾀를 써서 적을 공격하도록 하였다. 산골짜기에 매복한 무휼 휘하의 군사들은, 지리를 잘 모르고 들어온 동부여군을 기습적으로 공격하여 모두 죽이는 큰 전과를 올리게 되었다. 이 일로 무휼왕자는 고구려(계루부) 나아가 고구려연맹의 확실한 영웅으로 떠오르게 되었다.

유리왕 33년(서기 14) 정월에 온 주민들로부터 뜨거운 사랑과 지지를 받으며 무휼왕자가 드디어 태자가 되었다. 그리하여 나이들어 건강이 좋지 않은 왕을 대신하여 11세의 태자가 모든 국사를 맡아 처리하게 되었다. 이 사실은 다소 과장된 듯도 하지만, 사람들 중에는 다른 사람보다 조숙한 사람도 있는 것이며 더구나 옛날에는 15세 정도만 되면 어른으로 대우했으므로 이 일이 사실성 없이 과장된 것만은 아니다.

이해 가을에 유리왕은 이미 고구려연맹의 왕이 된 여세를 몰아 자신의 존재를 확실히 부각시킬 수 있는 야심찬 군사작전을 펼치게 되었다. 왕은 주몽과 함께 동부여에서 내려온 경험 많은 오이와 마리 장군에게 고구려연맹 내의 각 부에서 동원한 군사 2만 명을 지휘하게 하여, 고구려의 서쪽에 있던 양맥(梁貊)이라는 나라를 정벌하고 이어 중국 현도군의 수도인 고구려현을 공격하였다. 이때의 군사작전으로 유리왕은 고구려연맹의 맹주로서의 위세를 내외에 보여주어 연맹장으로서의 지위를 더욱 확고하게 할 수 있었다.

이때 고구려연맹군이 공격한 고구려현은 현도군의 관청들이 있어 현도군의 소재지가 되는 현이었다. 이 명칭은 과거에 한사군을 설치할 때 원래의 고구려인들이 살고 있던 지역을 현도군의 중심 현으로 삼아 그 이름을 고구려현이라고 한 데서 비롯되었다. 그후 원고구려인들이 현도군의 지배를 거부하고 오히려 현도군을 공격하여 그 군을 중국 방향으로 쫓아냈으나, 중국측에서는 쫓겨온 현도군 안에 여전히 그 명칭을 현의 이름으로 남겨두고 고구려현이라고 하였던 것이다.

유리왕의 고구려는 날로 그 국력이 커져갔다. 그런데 유리왕 37년(서기 18), 이제 오십대 후반의 나이에 이른 유리왕은 또 한번 커다란 슬픔을 맞이했다. 그의 아들 여진(如津)왕자가 강물에 빠져죽고 만 것이다. 처음에는 그 시체도 찾지 못하다가 뒤늦게 겨우 찾을 수 있었다. 태자 도절이 죽고 이어 태자 해명이 자신과의 불화로 창으로 찔러 자결하고 드디어 또 한 아들조차 물에 빠져죽자 그의 건강은 극도로 악화되어갔다. 타향에 와서 숱한 고생을 겪으며 나라를 반석 위에 세웠지만 그를 따르는 비운은 어쩔 수 없었다.

자신의 죽음을 예상한 그는 자신의 아버지 주몽이 그러했던 것처럼 죽음을 준비했다. 많은 신하들이 보는 앞에서 고통중에 죽는 것은 하늘의 자손이 할 일이 아니었기 때문이다. 그는 경치 좋은 두곡(豆谷)이라는 산골짜기에 몇년 전에 만들어둔 작은 궁궐로 옮겨갔다. 그리고 그곳으로 옮긴 지 3개월째 되는 초겨울에 조용히 숨을 거두었다. 주몽 동명성왕의 임종을 유리태자가 지켜

본 것처럼 이제는 무휼태자가 유리왕의 최후를 지켰을 것이다.

유리왕이 15세의, 아직은 어리다 할 아들에게 무슨 이야기를 남겼는지는 알 수 없다. 그러나 그는 왕위를 이어야 할 아들에게 자신감을 불어넣어주고 다른 한편으로는 정치의 요령 등을 자세히 말했을 것이다. 또 유리왕은 아버지 주몽이 태양에 의해 잉태된 하늘의 아들임을 강조하고, 하늘의 후손은 나이에 관계없이 이땅의 백성을 다스릴 수 있음을 알려주었을 것이다. 그러면서 무휼이 왕위에 오르면 할아버지 주몽의 사당을 지을 것을 말했던 듯하다. 이같은 사실은 무휼 곧 대무신왕이 그의 재위 3년에 할아버지 주몽의 사당인 동명왕묘(東明王廟)를 세운 것을 보아 알 수 있다.

경험이 부족한 나이어린 왕이 왕위에 오르면 흔히 신하들 중에 유력한 이들이 도전하기 마련인데, 즉위 후 곧 동명왕의 사당을 세워 그를 신으로 모심으로써 왕의 권위의 원천이 하늘의 아들인 동명왕 곧 주몽에게 있음을 확실히 보이도록 한 것이다. 고구려(계루부)가 주관하는 동맹제사에서는 이미 하늘신인 천신과 산중 굴속의 수신인 유화가 결혼하여 동명(주몽)을 낳는다는 이야기가 매년의 제례를 통해 재연되고 있었다. 따라서 사람들은 주몽이 천신과 지신의 아들이라는 사실을 믿게 되었는데, 동명왕의 사당을 세우게 되면 동명(주몽)의 신으로서의 지위는 더욱 확고해지고 당연히 그의 후손인 왕실의 권위는 더욱 높아질 것이기 때문이다.

　고독한 운명을 타고났으나 이를 잘 받아들이며 극복하고 살았던 영웅 유리왕의 무덤은, 그가 임종 전에 머물렀던 궁궐이 자리한 두곡이라는 곳의 동쪽 들에 만들어졌다.

　유리왕이 죽은 지 수백년 뒤 고구려 중·후기에 고구려 건국신화는 다시 주목받게 되었다. 그리하여 주몽왕이 '동명성왕'으로 추존됨과 함께, 유리왕은 '현명한 왕'이라는 뜻의 '유리명왕(琉璃明王)'이라는 존칭을 추증받은 듯하며, 그 이름이 지금까지 전한다.

주몽의 사당 동명왕묘를 설치하다

　지혜롭고 당당한 무휼왕자는 아버지 유리왕의 죽음을 뒤로하고 서기 18년 겨울에 15세의 나이로 고구려의 제3대 왕이 되었으니 이가 대무신왕이다. 고구려(계루부)는 이미 송양국(소노부)을 제치고 고구려연맹의 가장 중심적인 부로 성장하여 대무신왕은 아버지를 이어 고구려연맹의 연맹장의 위치에 서게 되었다.

　그의 즉위 2년(서기 19) 수도인 국내성에는 작은 지진이 있었다. 왕은 곧 죄수들을 풀어주고 세금을 낮추어주는 등 백성들의 어려움을 보살폈다. 하늘의 후손이 새롭게 왕위에 오른 지 얼마 안되어 찾아온 지진은, 자칫 백성들로 하여금 하늘이 새로운 왕을 좋아하지 않아서 재앙을 내린 것으로 비칠 염려가 있었으므로, 재빨리 이같은 정책을 실시하여 백성들을 위로하고 안심시켰던 것이다.

그리고 이해에는 아주 의미있는 다른 일도 있었다. 동부여 백성들이 고구려를 찾아서 내려오는 것은 이미 어제오늘의 일이 아니었지만, 저 남쪽 백제로 내려갔던 온조왕의 백성들이 1천여 호나 되돌아온 것이다. 어떤 사정으로 이들이 되돌아왔는지는 기록에 나타나 있지 않지만 고향을 떠나 새로운 곳에 이주하여 자리를 잡는 것이 그만큼 어려운 일임을 보여주는 것이기도 하다. 이들은 아마도 고향이 그리워 다시 돌아왔을 것이다. 동부여에서 온 유리왕자가 왕위를 차지하게 되자 온조왕자를 따라서 부득이 고향을 떠났던 백성들이, 유리왕이 죽고 비류수가 송양국 출신 공주를 어머니로 하는 무휼왕자가 새로운 왕으로 즉위하자 다시 돌아온 것이다. 대무신왕과 신하들, 백성들의 기쁨은 비할 데가 없었다. "하늘이 우리 왕과 고구려를 도우시는구나. 떠나갔던 사람들이 다시 돌아오다니······" 새로운 왕의 즉위를 맞이해 새 기운이 감도는 압록강가 국내성 일대는 자신감과 기대감으로 부풀어오르고 있었다.

한 집의 식구를 약 5명으로 계산해본다면 1천여 호는 약 5천 명에 이른다. 이를 적다고 생각할 수도 있을지 모르지만 이때 고구려연맹의 인구가 1,20만 명에 불과했음을 생각하면 이는 결코 적은 수가 아니다. 이들은 고구려의 국력을 일시에 크게 높여주는 매우 중요한 힘이 되었다.

이들에게서 대무신왕은 의미심장한 소식을 듣게 되었다. 바로 당시의 백제왕, 즉 따지고 보면 자신의 숙부인 온조왕과 관련된 일이었다. 온조왕은 비류수가의 졸본부여를 떠난 후 다음해에 한강유역에 도착하여 백제를 건국하였다. 그런데 온조왕은 건국사업을 자신의 아버지 동명왕 곧 주몽의 신위를 모시는 사당인 동명왕묘를 세우는 일로 시작했다는 것이다.

본래 부여족들은 부여의 동명신화에 나오는, 역시 활을 매우 잘 쏘았다는 부여국의 시조왕인 동명을 하늘의 아들로서 숭상해왔다. 백제 백성들의 원고향인 졸본지역의 부여족들도 그 동명을 받들어왔다. 그러다가 동부여의 왕자이고 놀라운 명궁인 주몽이 내려오면서 그가 바로 동명과 같은 하늘의 아들이라는 이야기가 돌고 이를 믿는 분위기가 형성되어갔던 것이다. 이 분위기는 주몽이 고구려를 건국하면서 자연스럽게 고구려의 건국신화인 주몽신화를 만들어가는 원동력이 되었다.

비류와 온조 왕자는 하늘의 아들이며 또 하나의 동명이라고 여겨진 아버지 주몽을 매우 존경하였을 것이다. 그러나 아쉽게도 이복형인 유리왕자에게 왕의 자리를 내줄 수밖에 없었다. 두 왕자는 어머니 소서노의 고향이자 자신들의 고향이기도 한 비류수가 부여족 사람들의 상당수를 데리고 한강유역으로 내려왔는데 그곳에서도 역시 과거에 가졌던 신앙을 이어 받들었다. 자신들의 아버지인 주몽이 비류수가에 있을 때에 이미 부여족의 신화적인 영웅 동명이라고 여겨졌으므로 이들 두 왕자가 자신들에게 매우 유리한 이런 사실을 이용하지 않았을 리 없다. 그 가운데 온조왕자는 더욱 적극적으로 아버지의 권위를 이용하는 지혜를 발휘하였던 것이다.

더욱이 온조왕은 비류수가 졸본의 용산에 있던 아버지의 무덤을 직접 찾아뵙기 어려운 형편이었으니, 대신 자기 나라의 새 수도에 아버지의 사당을 세워 아버지의 영혼이 깃들여 있다고 여긴 신상이나 위패를 만들어두고 섬겼을 것이다. 조상의 사당을 짓고 조상신을 숭배하는 일은 이미 송양국에서도 해왔으므로 온조는 그 일이 갖는 의미를 잘 알고 있었다. 비록 장자는 아니지만 아버지의 사당을 세우고 숭배함으로써, 하늘의 아들인 주몽 곧 동명왕의 영혼이 자신의 건국과정에 함께한다는 것을 백성들에게 알리고, 그 자신도 곧 하늘의 아들로서 마땅히 새로운 왕국 즉 백제를 건국하여 왕노릇을 할 수 있음을 보이고자 한 것이다.

아버지 유리왕의 당부도 있었겠지만 숙부인 백제 온조왕이 할아버지 동명왕의 사당을 세워 모시고 있음을 알게 된 대무신왕은 다급한 마음이 되었을 것이다. 그리하여 그는 곧 동명왕의 사당을 짓도록 하였다.

그런데 대무신왕이 동명왕묘를 세우게 된 좀더 직접적인 이유는 다른 데 있었는데, 그것은 고구려(계루부)가 고구려연맹의 종주국(宗主國)이 되었다는 사실이다. 이제 고구려는 동부여의 한 서출 왕자가 망명해와서 세운 졸본부여와 같은 뜨내기의 나라가 아니라, 그동안의 꾸준한 국력성장에 힘입어 중국의 침략을 막아내며 고구려연맹의 맹주로 성장한, 명실공히 으뜸되는 고을이자 나라가 된 것이다. 이런 나라에 자신들의 시조를 모시는 사당도 없다는 것은 위신이 크게 깎이는 일이었다. 과거의 맹주국인 송양국은 오랜 전통과 중국과의 교류를 통해서 조상신을 모시는 예법을 알아서 이미 조상신들의 위패를 모시는 종묘를 만들어두고 제사하고 있었다. 그리하여 대무신왕은 즉위 후 곧 동명왕묘를 세우게 되었던 것이다. 주몽 즉 동명왕의 사당인 동명왕묘는 주몽이 살던 본래의 수도인 비류수가의 졸본에 세우도록 하였다. 이곳은 할아버지 주몽이 할머니 소서노와 결혼하여 나라를 처음 열었던 곳이고 할아버지의 무덤이 있는 곳이기도 했다. 또한 그곳에는 초라하지만 증조모인 유화의 신묘도 있었다.

우리가 흔히 보는 무덤은 시신을 묻고 그 위에 돌이나 흙으로 봉분을 만든 것인데, 한자로는 '묘(墓)'라고 한다. 집을 지어두고 죽은 조상이나 위대한 인물들의 지위와 이름을 써놓은 위패를 모시는 곳은 사당이라고 하며, 한자로는 '묘(廟)'라고 한다. 후자는 전자에 비해 신앙적인 성격이 강해 죽은 사람을 신(神)으로 모시는 것이다. 여기서의 동명왕묘는 바로 후자에 해당한다.

대무신왕 3년(서기 20) 봄 3월에 동명왕묘 즉 동명왕의 사당을 완성하였다. 사당의 깊은 안쪽에는 주몽 즉 동명왕의 혼을 모신 위패가 모셔졌다. 동명왕묘가 만들어짐으로써 그때부터 주몽 곧 동명왕은 고구려 건국의 시조신(始祖神)으로 모셔지게 되었다. 이제 국가의 시조신인 동명왕을 위한 제사는 매년 왕과 신하들에 의해 국가적으로 지내게 되었다.

동명왕묘를 세우고 주몽을 시조신으로 받듦으로써 여러 의미와 성과를 얻게 되었다. 먼저 왕실과 왕의 권위를 신과 연결하여 더욱 명확히 세우게 되었다. 다음으로 고구려연맹의 맹주국으로서의 위신과 체통을 제대로 갖추게 되었다. 끝으로 서자라는 혈통상의 약점으로 인해 동부여 왕실에 대해 가졌던 정신적 부담감에서 벗어나 독립적인 왕실의 정체성을 확실히 갖게 되었다.

주몽신화가 체계화되다

그런데 제사의 대상이 된 신(神)이 있으면 그 신에 관한 이야기가 있기 마련이다. 많은 사람들이 모시는 신이 있는데 그 신에 관한 이야기가 없을 수는 없는 것이다. 그 신에 관한 이야기가 없다면, 사람들은 그 신이 누구이며 무슨 능력이 있어 믿는지를 알지 못하게 되고 결국 그 신을 믿지 않게 될 것이다. 기독교나

불교, 이슬람교 등에서도 그렇고 다른 종교에서도 신이 있으면 반드시 그 신에 관한 이야기가 있게 마련이다. 우리나라의 무당들이 섬기는 신들도 많은데 굿에서는 그 신이 누구인지를 말하는 '본풀이'라는 이야기가 무당에 의해 늘 되풀이 말해진다.

신에 관한 이야기가 곧 신화(神話)이다. 동명왕묘가 국가적으로 세워져 동명왕 곧 주몽을 시조신으로 모신 이상 그에 관한 신화는 이미 형성되어 있었다고 볼 수 있다. 고구려 사람들은 자신들이 이미 알고 있는 신화에 의존하여 주몽신화를 만들었으니 그 이야기가 바로 부여족이라면 누구나 알고 있는 부여족의 시조왕인 동명에 관한 신화, 즉 동명신화였다. 고구려 사람들은 이를 이용해 변형하고 보완하여 새로운 주몽신화를 만들어갔다.

주몽신화는 주몽이 비류수가에 나타나 하늘의 명으로 나라를 세우러 왔다고 나선 건국 초부터 형성되기 시작했다. 동부여의 왕자라는 주몽의 놀라운 활솜씨를 본 졸본 사람들은 그를 부여족의 영원한 영웅이며 시조이고 역시 대단히 활을 잘 쏘았던 동명과 같은 위대한 인물로 믿고 기대를 걸며 이야기를 만들어가기 시작했던 것이다. 유화의 신묘가 세워지면서 이야기는 보완되었을 것이고, 그러다가 유리가 내려오고 그가 새로운 왕이 되면서 이야기는 한층 보강되어갔을 것이다. 유리왕자는 아버지의 동부여에서의 일을 더욱 미화해 신비스럽게 이야기함으로써 동부여에서 주몽의 아들로 태어난 자신의 위치를 확고히 하고자

했을 것이다.

　주몽신화가 좀더 풍부한 내용과 구체적인 체계를 갖추게 된 것은 역시 유리왕 22년의 국내성으로의 천도 이후의 일로 보인다. 전통적으로 믿어온 천신과 수도 국내성 부근의 지신이라고도 볼 수 있는 굴의 신(수신)이 부부관계로 맺어지면서 그들 사이에서 태어난 주몽 곧 동명왕은 하늘의 아들이자 땅의 아들이 되어 고구려의 시조왕으로서 신성한 위치에 서게 된 것이다.

　이 사실은 이전의 동맹이 기본적으로 부여의 영고를 계승한 제천의식이었던 사실과는 질적으로 달라진 것이다. 사실 하늘의 천신(天神)이야 부여의 천신과 고구려의 천신이 따로 있을 수 없으므로, 고구려인들이 숭배하는 천신이 굳이 부여의 천신을 되살려 숭배한 것이라고 볼 수는 없다. 고구려인들은 자신들의 머리 위에 있는 하늘의 신을 숭배하면 되었고, 마땅히 그렇게 했던 것이다. 거기에 고구려 현지의 산속 굴에 있던 수신을 천신의 아내로 모심으로써 동맹에서 제사하는 신들의 토착화·현지화가 결정적으로 이루어졌다. 이제 천신의 아들 동명도 고구려 현지에서 잉태되어 탄생한 현지 신들의 아들로서 확실하게 고구려의 동명 즉 고주몽이 될 수 있었던 것이다. 물론 주몽의 어머니가 되는 수신은 당연히 신묘에서 모셔지는 주몽왕의 어머니 유화왕비와 일체가 되었다. 이런 면에서 국내성 천도와 제천의식인 동맹에서 숭배하는 신들의 체제를 정비한 것은, 고구려인들이 부여의 전통적인 신앙체계를 극복하고 신앙체계의 토착화·자기화를 이루어 정체성 확립을 향해 큰 걸음을 내디딘 의미심장한 대변동이라고 볼 수 있다.

국내성으로 천도한 후 대무신왕 2년까지는 17년이 흘러, 천신과 수신 그리고 동명왕을 모시는 제사가 이미 십여 차례 행해졌다. 동맹은 단순히 제사만 드리는 것이 아니라 신들이 결혼하여 주몽 곧 동명왕을 낳는 의식이 굿으로 행해지고 온 고구려인이 함께 즐기는 전국가적인 축제였다. 이 의식을 통해 고구려인들은 자신들이 하늘과 땅의 신이 결합해 낳은 아들이 세운 위대한 나라에 살고 있음을 매년 확인하며 자부심을 얻고 더욱 일치단결할 수 있었던 것이다.

이 국가적인 제천행사 곧 동맹제를 실시하는 횟수가 쌓여가면서 시조인 주몽과 관련하여 이야기되어오던 많은 신비한 토막이야기들이 모여 제자리를 찾아갔다. 유화가 쫓아오는 해를 안고 임신하게 되었다는 태몽, 동부여에서 주몽의 고통스런 삶, 어머니와의 이별, 동부여 군사에 쫓겼으나 큰 강을 바람처럼 건넌 일, 송양왕과의 경쟁과 주몽의 놀라운 활솜씨, 궁궐 짓기, 아들 유리가 찾아온 일, 신성한 죽음, 유리왕의 왕위계승 등이 엮이면서 제대로 체계를 갖춘 이야기로 만들어져갔다.

주몽신화가 만들어지면서 제일 먼저 부딪친 곤란한 문제는 주몽이 동부여왕의 서자라는 사실이었을 것이다. 신화에서 이 사실을 그대로 말할 수는 없었다. 그렇게 되면 경쟁상대인 동부여 왕에 비해 그의 신분의 신성함이 떨어지기 때문이다. 그의 어머니가 해를 안고 그를 잉태했다는 태몽은 이런 문제를 벗어날 수 있게 했다. 그는 어머니가 금와왕과의 관계에서 낳은 서자가 아니라 신비하게도 해와 관계하여 잉태된 '해(해모수)의 아들'이었던 것이다.

그런데 여기서 약간의 혼란이 발생하기도 했다. 일찍이 주몽의 할아버지인 동부여의 왕 해부루를 북부여에서 몰아낸 영웅이 있었는데, 그 사람은 자신이 태양 즉 해모수(解慕漱)라고 주장하였다. 하늘의 아들로서 자신이 태양이라고 주장하며 새 나라와 새로운 신화를 만들어갔던 것이다. 그 이야기를 동부여 사람들이 알지 못했을 리 없는데, 바로 그 이야기 속의 영웅 해모수가 역시 주몽신화에 연결된 것이다. 그러나 본래 북부여의 영웅 해모수와 주몽은 아무런 관계도 없었다. 실제로 북부여의 영웅 해모수가 주몽의 아버지였다면 동부여 왕실에서 그를 그처럼 길러주고 살려둘 리는 없는 것이다.

부여족 사람들은 태양을 해모수라고 불렀으므로 주몽의 어머니 품에 들어와 그를 잉태시킨 해도 해모수요, 북부여의 영웅인 새로운 왕도 자신을 하늘의 아들인 해라고 주장하여 해모수라고 말했던 것뿐이다. 이 서로 다른 두 존재는 신화가 전승되어가던 고구려의 어느 이른 시기부터 하나로 여겨져 주몽은 하늘의 아들인 해모수(해)의 아들이자 북부여의 태양왕을 자칭하던 해모수의 아들인 것처럼 되어갔다. 정확하게 말하자면 본래 주몽신화에서 주몽의 아버지는 북부여의 왕인 해모수와는 관련이 없다고 보이며, 누구나 늘 보는 하늘에 있는 해를 인격화한 천왕(天王)으로서의 해모수였던 것으로 생각된다.

고구려의 주몽신화가 고구려 초기의 사람들도 잘 알고 있던 부여의 시조 동명신화의 틀을 빌려 만들어지긴 했지만, 두 신화에서 나타나는 가장 두드러진 차이 중의 하나는 신화에 보이는 어머니들의 신분과 역할이다. 이렇게 된 이유는 실제 두 어머니들의 신분상의 차이뿐 아니라 유리왕이 국내성으로 수도를 옮긴 사실과도 관련이 있다. 부여의 동명신화에서는 동명의 어머니는 어느 왕의 시비(侍婢)에 불과한 비천한 신분의 여인이었다. 시비는 왕의 심부름을 하는 종이다. 그러나 부여의 건국 초기에 비해 역사가 많이 흘러 신분제가 더욱 발달하게 되자 고구려 사람들은 시조왕의 어머니도 아무나 될 수는 없다고 생각했다.

실제 주몽의 어머니는 동부여의 왕비로 보이므로 그녀의 신분은 매우 높다. 그러나 그녀는 정실왕비는 아니고 왕의 후궁에 불과했다. 따라서 고구려 사람들은 이 사실을 그대로 신화에 말하지는 않았던 것이다. 자기 시조왕의 어머니가 경쟁국인 동부여 왕의 첩에 불과하다고 말하기에는 고구려인들의 자존심이 허락지 않았을 것이다. 좀더 신적인 거룩한 어머니가 필요했을 터인데, 마침 국내성 부근에 있던 수신을 만나 그를 시조의 어머니로 연결하게 되었던 것이다.

앞에서도 일부를 인용한 바 있지만, 중국에서 3세기말에 지어진 『삼국지(三國志)』의 동이전에 있는 고구려 관련 기록에는 고구려의 동맹제에 대하여 다음과 같은 내용이 전해지고 있다.

10월에 하늘에 제사를 지냈다. 나라사람들이 크게 모였으니 이름하여 동맹(東盟)이라고 한다. 그들의 벼슬아치들은 모두 비단옷을 입고 금·은으로 장식하고 모였다. (…) 그 수도의 동쪽에는 큰 굴이 있어 이름을 수혈(隧穴)이라고 한다. 10월에 나라사람이 크게 모일 때에는 그 굴에서 수신(隧神)을 맞이하여 수도의 동쪽 강가에 와서 제사를 지냈는데 나무로 신상을 만들어 신의 자리에 두고 하였다.

이 글에서 우선, 동맹제가 하늘에 제사를 지낸 제천(祭天) 행사인 것을 알 수 있다. 하늘에 제사를 지냈으니 당연히 천신에게 제사를 지냈을 것이며, 자연히 그의 아들인 동명(주몽)에게도 제사를 지냈기에 이 제천행사의 이름이 동맹이었던 것이다. 그런데 이에 더해 천신과 동명 이외에 바로 국내성 부근의 굴속에 있던 수신을 이 동맹제에 맞이해와서 제사를 지냈다는 것이다. 이 수신은 주몽신화의 내용으로는 당연히 유화라 말해지는 주몽의 어머니되는 신이었던 것이다.

압록강가 산속 굴에 있던 수신을 맞이하여 그를 나무 신상으로 만들어 배에 싣고 압록강물을 따라서 내려오다가 수도 국내성 부근에 와서 그녀에게 제사를 지냈던 것이다. 그 장소는 수도의 동쪽 강가였다. 이 제사는 일년에 한번씩 지냈는데, 천도 이후 십여 차례에 걸쳐 이런 제사를 지내게 되면서, 사람들은 그 수신과 주몽의 어머니 유화를 연결하여 이야기를 만들어갔던 것이다.

유화와 해모수가 만나다

일년에 단 한번 압록강물을 따라 배를 타고 오는 수신과 그의 남편인 천신의 만남은, 직녀(織女)와 견우(牽牛)의 이야기처럼 이미 사람들에게 애틋한 동정심과 관심을 불러일으켰을 것이다. 이들이 처음에 어떻게 만났으며 어떤 과정을 통해 부부가 되고 왜 저렇게 헤어져서 살게 되었을까. 호기심과 의문은 꼬리에 꼬리를 물고 일어나서 민중들은 그 이유를 찾기 위해 설왕설래하였고 그러한 중에 자연히 이야기가 만들어진 것이다.

수신의 압록강 뱃길 행차가 매년 반복되면서, 부여의 동명신화에는 전혀 없는 내용인, 그녀가 압록강을 헤엄쳐 다니다가 그 하늘 위에 떠 있는 천신 해모수를 만난다는 이야기로 발전했을

국동대혈에서 내려다본 압록강 전경. 이곳에서 수신을 맞이하여 압록강을 따라 내려가 치러진 동맹의식은 고구려 건국신화의 정점으로 자리잡게 된다.

것도 쉽게 짐작이 된다. 이제 상상력을 발휘하여 주몽신화의 중요 부분이 어떻게 만들어져갔는지 추정해보자.

수신이 사는 산위 굴이 있는 곳에서는 멀리 압록강이 유유히 흐르는 모습이 보인다. 이 산밑에 있는 압록강은 그 강폭이 넓어 강물이 도도하고 여유있게 흐른다. 수신을 모시러 산에 올라간 이들은 흐르는 압록강, 신을 모시고 가는 배가 통과하게 되는 강물을 바라보며 감상에 젖기도 했을 것이다. 매년 동맹제에서 재연되는 그 여신의 역할과 여행길을 보면서 사람들은 자연스럽게 여신인 수신에 관한 이야기를 만들어갔던 것이다.

아이를 낳을 여신은 늙은 신일 수는 없으니 자연히 예쁘고 아름다운 여인으로 묘사되었을 것이다. 사람들은 산위에서 유유히 흐르는 압록강물을 보면서 느낀 감상을 실마리로 하여 이런 이야기를 풀어갔을 듯하다.

　어느 초여름날, 온몸 내내 산의 굴속 주위를 맴돌며 여름이 오기를 기다렸던 수신(隧神)은 제법 쏘아대는 따가운 햇빛과 데워진 강물의 비릿한 내음에 이끌려 굴속에서 나왔다. 저 아래 강에는 아버지 하백(河伯) 신이 모습을 드러내지 않은 채 조용히 강물 속에서 초여름날의 무료함을 낮잠으로 달래고 있었다. 수신은 두 동생을 불러서 함께 강으로 가자고 부추겼다. 동생들은 처음에는 망설였지만 젊은 나이의 요정답게 곧 언니를 따라서 강물로 내려갔다.

　압록강물은 아직 차가웠지만 이들은 사람이 아니고 신이었기에 몸을 움츠리지도 않았다. 그들에게는 생명의 기운을 실은 따가운 햇빛만이 느껴질 뿐이었다. 세 여신들은 잔잔히 흐르는 강물에 아름다운 몸을 담그고 천천히 이곳저곳을 헤엄치며 아버지에게 들키지 않을 만큼 작게 뜻모를 상쾌한 웃음소리를 내기도 하였다. 강가에는 물오른 버드나무가 신록을 자랑하며 바람에 살랑살랑 흔들리고 있었다.

　이 세 여신을 보는 사람은 아무도 없었다. 그러나 단 하나 그녀들을 보지 않을 수 없는 존재가 있었으니 이 여름날을 주관하는 저 하늘에서 이글이글 자신의 몸을 정열적으로 태우며 떠 있는 태양, 곧 해모수였다. 발가벗은 아름다운 젊은 여신들을 보고 있던 그는 이미 제정신이 아니었다.

오회분 4호묘의 용을 탄 신선. 용과 신선 등은 고구려인들의 생각 속에 살아 숨쉬는 존재로서 주몽신화에 등장했고, 고구려 고분벽화에도 모습을 드러냈다.

저녁이 되어 어김없이 하늘의 궁전으로 돌아간 이 천왕은 잠을 이룰 수가 없었다. '그 아름다운 요정들을 어찌할꼬' 그는 불덩이 태양으로 태어난 후 처음으로 뜬눈으로 밤을 밝혔다. 세상 사람들은 보름도 아닌 그날밤에 왜 그리 훤한 빛이 밤새 남아 있었는지 그 이유를 모른 채 고개를 갸웃거렸다.

다음날 어김없는 시간에 그는 아침놀을 만들면서 다섯 마리의 용이 끄는 황금수레를 타고 압록강 위에 얼굴을 드러냈다. 그리고 다른 날과는 달리 조바심으로 시간을 보내야 했다. 자신의 몸으로 한껏 대지를 달군 보람이 있었는지 드디어 기다리던 여신들이 작은 물방울을 튀기면서 강가에 모습을 나타냈다.

건강하고 아름다운 그녀들을 보면서 그는 어찌할 수 없이 황홀하고도 고통스런 시간을 또 보내야 했다. 저녁이 되어 다시 오룡거(五龍車)를 타고 하늘의 궁으로 돌아갔지만 그의 모습은 어제보다 더욱 처량하였다. 평소 그를 잘 따르던 신하인 한 지혜 있는 별이 그를 찾아와서 "천왕님 어제도 오늘도 왜 그렇게 힘이 없으십니까? 몸이 불편하십니까?"하고 물었다.

해모수는 부끄러움을 무릅쓰며 "내가 수억년 동안 압록강 위에서 그 강물을 보아왔지만 요사이처럼 나 자신이 한심스럽다고 여겨진 때가 없었다. 저 땅에 있는 백성들은 자기가 좋아하는 남자나 여자를 만나서 결혼을 하여 오순도순 사는데 나만 천왕이라는 허울 좋은 이름으로 이 모양으로 외롭게 사니 밤이 되어 궁궐에 돌아온들 무슨 즐거움이 있겠는가?"하였다. 신하는 해모수의 외로움이 심각하다는 것을 알고서 금세 "마음에 드는 여인이라도 생기셨나요?"하고 물었다.

해모수는 앞뒤 사정을 자세히 이야기하고, "세 여신을 모두 아내로 삼고 싶은데 어쩌면 좋을까?"하고 말했다. 신하는 "오룡거의 용을 몰 때 쓰시는 채찍을 이용하십시오. 그 채찍은 용도 꼼짝 못하게 하는 힘을 가졌는데 그런 정도의 신통력이면 물가에 구리로 된 훌륭한 궁전을 금방 만들 수 있지 않겠습니까. 그 궁전에 그녀들을 끌어들여 술에 취해 잠들게 하면 쉽게 아내로 삼을 수 있지 않을까요?"하며 방법을 알려주었다. 해모수는 박수를 치며 좋은 생각이라고 칭찬하고 들고 있던 채찍을 쓰다듬으며 무언가를 결심하였다.

다음날, 그제 밤과는 달리 단잠을 잔 해모수는 의기양양하게 오룡거

134

를 물고 아침놀을 뒤로 한 채 압록강 물 위에 몸을 드러냈다. 다른 날과 달리 그는 있는 힘을 다해 열기를 뿜어냈는데 얼마나 급히 뿜어냈는지 심장이 터질 것 같았다. 그러나 그는 입을 굳게 다물고 참으며 더욱 열기를 내보냈다. 정성이 통했던지 언제 산골짜기에서 내려왔는지 강물에서 물장구를 치며 즐겁게 놀고 있는 세 여신들의 모습을 곧 볼 수 있었다.

한참이 지난 후, 해모수가 들고 있던 채찍을 강가의 넓은 땅에 그으니 구리로 된 아름다운 궁전이 만들어졌다. 강물에서 헤엄을 치다가 갑자기 눈에 띈 구리궁전을 발견한 세 여신은 호기심이 발동하여 가만히 있을 수가 없었다. "언제 저런 궁전이 저곳에 있었지? 어떤 멋진 신이나 왕의 궁전일까? 오랫동안 헤엄을 쳐서 배도 고픈데 혹시 저기에는 우리가 먹을 맛있는 음식이 있을지도 모르겠다"하며, 그녀들은 강물에서 나와 구리궁전으로 다가가서 한참을 살핀 후 열린 문을 통해 가만히 안으로 들어가 보았다.

그곳에는 아무도 없었고, 다만 이 세상에서는 들어보지 못한 신비하고 아름다운 음악소리가 은은히 울려나오고 있었으며 땅의 신인 그녀들도 보지 못한 온갖 먹음직스런 음식들이 예쁜 그릇에 담겨 큰상에 가득 차려져 있었다. 그리고 상 앞에는 세 개의 자리가 마련되어 있었다. 여신들은 그 음식을 자신들이 먹어도 될 듯한 생각이 들었다. 점심도 먹지 않고 오래 헤엄을 쳐서 매우 배가 고프고 피곤하던 그들은 서로 눈짓으로 마음을 확인하고는 달려가서 맛있는 음식을 실컷 먹었다. 그 신비스런 맛으로 인해 이 음식들은 이 세상의 요리사가 만든 것이 아님을 금세 알 수 있었다.

음식을 다 먹어치운 여신들은 물이 먹고 싶어졌다. 그런데 상 옆 탁자에는 큰 병 하나에 샘물인지 술인지 알 수 없는 액체가 가득 담겨 있었다. 목이 마른데다 호기심도 난 여신들은 병을 따고 그 물을 따라 사이좋게 마시기 시작했는데, 은은한 향기와 달콤한 맛이 입안에 감돌아 여신들은 마시고 또 마셨다. 그것은 하늘의 큰 잔치 때 마시는 순한 듯하면서도 독한 술이었다. 그 맛에 끌려 여신들은 큰 병에 가득 든 술을 다 마시고 그만 크게 취하게 되었다. 압록강 깊은 바닥의 궁궐에 있던 세 여신의 아버지 하백도 이 술의 향기에 코를 벌름거리며 낮잠을 깨고 말 지경이었다. 하백은 "이 향기가 어디서 나는 것이냐? 이것은 이 세상의 술이 아니라 하늘의 술에서 나는 향기임이 틀림없다. 혹시 하늘의 신이 땅에 내려와 누군가를 꾀려고 술을 먹인 것 같은데 내 딸들이 잘 지내고 있는지 살펴보아라." 명령을 받은 하백의 신하인 자라가 하백의 딸들을 찾아 굽히 길을 떠났다.

세 여신이 술에 취해 잠든 것을 본 해모수는 그의 빛꼬리를 구리궁전 속으로 살짝 드리우며 안으로 들어왔다. 그리고는 궁전 문을 잠그려 문을 밀어보았다. "삐이—익" 하는 소리가 크게 울렸고 문 닫는 소리에 세 여신은 잠이 깨었다. 여신들의 눈에 활활 불타고 있는 형상의 해모수가 궁전 문을 닫고 있는 모습이 보였다. '음식을 훔쳐먹다가 들켰으니 이젠 해모수에게 잡혀 그의 불에 살라져 죽겠구나.' 순간적으로 이런 생각을 한 세 여신은 있는 힘을 다해 달아나려 하였다.

갑자기 달려나오는 세 여신을 보자 해모수도 크게 당황하였다. 처음에는 세 여신을 모두 막으려 했지만 곧 포기하고 한 여신만을 가로막아 도망치지 못하게 하였다. 그녀는 하백의 큰딸로 버드나무 같은 몸매를 가진 유화(柳花)였다.

하백의 명을 받고 하백의 세 딸이 잘 있는지를 보러 산속의 굴로 간 자라가 강물 속으로 돌아와서 그녀들이 모두 굴속에 없다는 사실을 알렸다. 세상일에 널리 통달한 하백은 무언가 일이 벌어진 듯한 예감을 느꼈다.

아니나 다를까, 곧 훤화(萱花)와 위화(葦花) 두 딸이 옷도 제대로 갖추어입지 못한 채 아버지의 궁전으로 달려들어와 벌어진 일을 이야기하였다. 하백은 화가 나서 말했다. "아무리 천왕이라고 해도 나 역시 이 강과 땅의 신인데 나를 무시하고 내 딸을 강제로 겁탈하려 하다니, 정말 예의를 모르는 신이로다!" 그는 곧 신하들을 이끌고 구리궁전을 향해 갔다.

그런데 강물에서 살아온 하백은 물을 벗어나 땅 위로 올라가기를 꺼렸다. 한번도 보여준 적이 없는 자신의 모습을 완전히 드러낸다면 땅위의 사람들이 혹 자신을 괴물처럼 여길지도 모를 일이기 때문이었다. 그래서 그는 구리궁전 앞 강물에 몸을 숨긴 채 궁전 속의 해모수에게 신하를 보내서 말하였다. "그대가 누구이기에 내 딸을 잡고 보내주지 않는가?" 노련한 하백은 마치 해모수를 모르는 것처럼 말했다. 해모수가

"나는 천제(天帝)이신 하느님의 아들인데 여기에 있는 당신의 딸과 결혼할 수 있도록 청하는 바입니다"라고 하였다. 하백이 다시 사자를 보내 "그대가 만일 천제의 아들이라면 마땅히 중매자를 나에게 보내어 청혼할 일이지 어찌 내 딸을 잡아두는 이런 실례를 범한단 말인가"라고 말하였다.

이 세상의 청혼방법을 모르고 큰 실수를 저지른 사실을 알게 된 해모수는 부끄러워져서 지금이라도 하백을 찾아가 잘못을 사과하고 정식으로 청혼을 하고 싶은 생각이 일었으나 그렇게 할 수 없음은 그가 더 잘 알고 있었다. 그는 도저히 물속으로 들어갈 수는 없었다. 만일 그의 불수레가 압록강 속 하백의 궁전으로 들어간다면 그 강물이 다 마르거나 아니면 불수레의 불이 꺼져 영원히 태양노릇을 할 수 없을지도 모를 일이기 때문이었다. 그래서 그는 하백의 큰딸을 그냥 돌려보내야겠다고 생각하였다.

그런데 하백의 큰딸 유화는 이미 세상의 많은 아가씨들처럼 구리궁전에서 먹어본 음식과 황홀한 음악소리를 좋아하게 되었으며, 비록 조금 무섭기는 하지만 쩌렁쩌렁 울리는 목소리를 가진 정열적인 해모수가 멋있게 보였다. 그녀는 사실 시집갈 나이가 이미 찼지만 신의 딸이므로 이 세상에서는 적당한 신랑감을 찾을 수도 없었다. 그녀는 오늘 만난 이 해모수와 결혼해야겠다고 결심하고 해모수에게 물속에 있는 하백의 궁궐에 갈 수 있는 방법을 알려주었다.

"천왕님께서 한낮에 타시는 불수레로는 도저히 물속을 가실 수 없지

만, 하늘과 이 세상을 오갈 때 타시는 다섯 마리의 용이 끄는 오룡거라
면 그곳에 갈 수 있을 것입니다. 용은 하늘을 날지만 물속에서도 헤엄
쳐 다닐 수 있는 신성한 동물이니까요. 오룡거를 불러서 타고 들어가
십시오"하고 유화는 말했다. 해모수는 그럴 듯한 생각이라고 여기고
오룡거를 불러 유화를 싣고 물속에 있는 하백의 궁전으로 갔다.

해모수의 방문을 받은 하백은 점잖게 말하였다. "이렇게 예를 갖추어
청혼을 하면 될 것인데 어찌 그렇게 경솔하게 나의 왕실을 욕되게 하였
는가? 그대가 진정 하늘의 신인 천제의 아들이라면 신통한 재주가 있
을 터이니 나에게 보여주어야 하지 않겠는가?"하고 말했다. 해모수는
"무슨 일이든지 시험하여 보십시오"라고 대답하였다.

하백이 잉어가 되어 보이자 해모수는 수달이 되어 잉어를 잡았고 사
슴이 되어 달아나니 승냥이가 되어 쫓아갔다. 꿩이 되어 달아나자 매가
되어 쫓아갔다. 하백은 자신보다 뛰어난 능력을 가진 해모수가 진정 천
제의 아들임을 믿게 되었다. 그리하여 이들의 결혼식을 성대하게 치러
주었다.

그런데 하백에게는 걱정이 하나 있었다. 해모수는 하늘의 신이라 땅
에서는 살 수 없을 터인데 땅의 신인 자신의 딸 유화를 하늘로 데려갈
것인가 하는 것이었다. 그는 해모수를 위하여 큰상을 차려주고 풍악을
울려 흥을 돋우어 독한 술을 많이 먹도록 하였다. 저녁이 다가오자 다
섯 마리의 용은 수레를 끌고 하늘로 돌아갈 준비를 하였다. 그들은 너
무나도 긴 세월 동안 해가 지는 시간이 되면 해모수를 싣고 하늘나라로

유화와 해모수가 만나다

돌아갔기 때문에 습관이 되어 저절로 그렇게 한 것이었다. 오룡거가 떠날 시간이 가까운 것을 알아차린 하백은, 술에 취한 해모수와 자신의 딸 유화를 가죽으로 된 작은 가마에 넣어 밖에서 문을 굳게 잠근 다음 오룡거에 싣게 했다. 그리고 용을 채찍질하여 하늘로 올라가도록 하였다. 오룡거가 강물을 막 벗어나려 할 때에 해모수는 술에서 깨어나 자신이 가죽가마 속에 갇혀 있음을 알게 되었다.

하늘의 왕이 구름에 가리우는 경우는 있더라도 상자 같은 가마 속에 갇힌 채 하늘나라에 오른다는 것은 상상할 수도 없는 일이었다. 저녁이 되어 다시 하늘로 돌아갈 때는 하룻동안에 낀 세상의 모든 때를 벗고 깨끗한 얼굴로 돌아가 하느님과 달과 별들을 만나야 하는 것이었다.

해모수는 얼른 유화의 머리에 꽂힌 비녀를 빼내 가죽가마의 벽을 힘차게 찔렀다. 그러자 가죽이 터져서 그는 밖으로 나올 수 있었다. 해모수는 곧 유화가 타고 있는 가죽가마를 오룡거에서 끌어내려 강물에 집어던졌다. 땅의 사람이나 신이 갑자기 하늘나라에 들어가 살 수는 없었기 때문이었다. 아쉽지만 그는 사랑하는 그녀를 남겨두고 갈 수밖에 없었다.

해모수가 혼자서 올라가버린 사실을 알게 된 하백은 남겨진 유화를 보고 크게 노했다. "네가 함부로 다른 세상의 신을 사귀어 혼자 남게 되었으니 우리 가문에 큰 욕이 되었다"하며 신하들에게 명하여 그녀의 입술을 잡아당기도록 하였다. 처음에 하백이 구리궁전에 있던 해모수를 책망했을 때 해모수는 그녀를 그냥 돌려보내려 했는데, 유화가 오히려 하백의 궁전에 오는 방법을 알려줘서 결국은 결혼을 하고 이처럼 과부 아닌 과부신세가 되었기 때문이었다.

남편에게서 버림받은 것도 서러운데 그녀는 이제 말을 신중하게 하지 않은 책임까지 지게 되어 입술이 잡아당겨지는 벌을 받았던 것이다. 유화의 입술은 무려 세 자나 잡아당겨졌다. 하백은 그녀에게 노비 두 사람만을 주어 백두산 근처의 우발수(優渤水)라는 큰 못 가운데로 추방하였다.

우발수는 고구려의 수도 국내성에서 보아 북동쪽인 동부여 방향에 있었는데, 유화가 동부여에서 주몽을 낳은 까닭에 그녀는 신화에서도 이처럼 동부여 방향으로 가게끔 이야기가 만들어진 것이다. 이어서 동부여의 어부와 동부여왕 금와가 나오는 것도 당연한 이치이다. 수신 즉 유화가 원래 살던 산속의 굴도 고구려의 수도에서 보면 동쪽에 있고, 주몽이 실제로 태어난 동부여도 크게 보면 동쪽 방향에 있었다. 다행히 이후 유화는 그 수도의 동쪽에 있는 산의 굴에서 모셔지고, 유화에 대한 제사도 압록강을 타고 수도의 동쪽 강가에 와서 드렸으니, 그녀는 동부여에 살았던 것처럼 여겨질 수도 있었다. 이렇게 사실과 신화가 절묘하게 맞아떨어지면서 이야기의 호소력이 매우 커진 것이다. 이러한 점이 주몽신화가 우리나라 신화 중에 가장 재미있고 그럴듯한 신화로서 지금까지도 내용의 상당부분을 전할 수 있는 이유가 되었던 것이다.

신비한 임신과 기이한 탄생

이어 동부여에서 있었던 유화의 신비한 임신과 주몽의 기이한
탄생의 이야기가 펼쳐진다.

동부여에 아주 노련하고 힘센 부추(扶鄒)라는 어부가 있었다. 그의
집안은 우발수에서 대대로 고기를 잡아왔다. 그런데 어느날부턴가 그
가 어량(물을 막아 물고기가 모이게 하여 잡는 장치)을 쳐놓고 얼마 후에
가보아도 고기가 한 마리도 남아 있지 않았다. 오랜 경험을 통해 그는
무언가가 어량에서 물고기를 빼간다는 사실을 알 수 있었다. 부추는 이
일을 이상하게 여겨 동부여의 왕인 금와에게 보고하였다. 금와왕은 강
에 그물을 던져서 무엇이 있는지 끌어내보라고 하였다. 그물이 던져지
고 무언가가 있는 느낌이 손에 전해졌으나 결국 그물이 찢어지고 말았
다. 쇠로 그물을 만들어 다시 던지자 쇠그물 속에 입술을 길게 늘어뜨
린 아리따운 여자가 끌려나왔다. 왕은 그 입술을 잘라주도록 하였다.

세 번을 잘라낸 후 입술이 제대로 돌아오자 여인은 자신이 이곳에서
남의 물고기를 훔쳐먹고 지내게 된 사연을 말했다. 이야기를 다 들은
금와왕은 그녀가 하늘의 왕인 해모수의 비(妃)인 것을 알고 정중하게
대하며 자신의 궁월로 데려가서 별궁(別宮)에 살도록 하였다.

한편, 유화와 이별하고 하늘로 돌아간 해모수는 다음날 다시 유화를 보기 위해 눈을 부릅뜨고 압록강 위를 지켜보았다. 그러나 이제 그녀는 물론 그녀의 동생들도 강물에 나와 놀지 않았다. 그후에도 매일매일 그녀를 찾아보려고 눈을 크게 뜨고 내려다보았지만 우발수 못 속으로 추방된 그녀를 발견할 수는 없었다.

그러던 어느날 무심코 동부여의 궁궐을 비추던 해모수는 놀라운 장면을 보게 되었다. 그의 사랑하는 아내 유화가 금와왕의 별궁 마루에 힘없이 앉아 있는 것이었다. 그는 그녀에게 자신의 마음을 전하고 싶었으나 전할 길이 없었다. 천제 하느님의 아들됨을 포기하고 그녀를 찾아 땅위로 내려가 살까 생각도 해보았지만 그렇게 한다면 이 세상은 햇빛이 없어 모든 생물이 죽게 될 것은 뻔한 일이었다. 자신도, 그리고 사랑하는 아내 유화도 물론 죽고 말 것이다. "참아야지. 나는 하늘의 왕이 아닌가. 모든 인간들을 위해서 나는 나의 사랑만을 택할 수 없는 운명을 타고난 거야." 이렇게 해모수는 자신을 다스리며 아픔을 참아내고 있었다.

밤이 되어 궁궐로 돌아온 해모수는 이전에 하백의 딸들을 만날 수 있도록 방법을 알려준 신하를 불러서 유화가 동부여왕의 별궁에 외롭게 살고 있는 사실을 말하고 그녀를 도울 방법이 없을지 물었다. 신하는 "천왕님께서는 유화님과 더불어 인간들처럼 함께 살며 따뜻한 부부의 정을 나눌 수는 없습니다. 그러나 천왕께서는 그녀가 당신의 아이를 낳을 수 있도록 할 수는 있습니다. 그렇게 되면 유화님도 외롭지 않고 천왕님의 자손들도 땅위에서 대대로 왕 노릇을 하게 될 터이니 모두에게 기쁜 일이 아니겠습니까?"하고 말하였다. 해모수는 눈이 번쩍 뜨였다. "아이를 낳게 되면 그녀가 덜 외로울 것이란 말이지? 어떻게 하면 그녀가 나의 아이를 잉태할 수 있느냐?"그는 급히 되물었다. 신하는 "유화님이 다시 밖에 나올 때 당신의 모든 정기를 모아서 그분께 비춰 주십시오. 그러면 아이를 잉태하실 것입니다"라고 대답하였다.

다음날 해모수는 유화가 다시 나오기를 기다렸다. 그러나 그녀는 나오지 않았을 뿐더러 그후 며칠동안 모습을 보이지 않았다. 걱정스런 가운데 며칠이 지난 후, 유화는 다시 마루에 나와서 앉아 있었다. 해모수는 자신의 정기를 모으기 시작했다. 사랑하는 그녀에게 자신의 기운을 몰아 비추어주려 한 것이었다. 그런데 유화는 해모수를 여전히 사랑하면서도 한편으로는 자신이 그에게 버림받았다고 여겨 그를 원망하며 지내고 있었다. 그래서 햇빛을 직접 쬐지는 않고서 처마밑 마루에 앉아 바깥을 바라보기만 한 것이다. 해모수는 기도하는 마음으로 자신의 온 정기를 모았다. 그러나 처마 안에 깊숙이 앉아 있는 그녀에게 햇빛을 직접 닿도록 비추기는 어려웠다. 그러다 한순간 그의 진실한 마음이 통했던지 꽤 큰 구름 한 점이 나타나 해모수를 가려주었다. 비로소 유화는 마루 끝까지 나와 앉았다. 조금 후에 구름이 지나가면서 구름 틈새로 해모수의 정기가 모인 햇빛이 그녀를 비추었다. 그녀는 햇빛의 느낌이 예전과 다름을 곧 알아차리고 얼른 몸을 마루 안쪽으로 옮겼지만 구름이 더 걷히자 햇빛이 따라 들어오며 마치 쫓아오는 것처럼 그녀를 비추었다.

이 일이 있은 후 해모수는 모든 것을 하늘에 맡기고 세상일을 잊겠노라고 다짐하며 하늘의 태양신으로서 맡은 바를 성실히 수행했다.

차츰 유화의 배가 불러 열달이 지나자 그녀는 크기가 다섯 되는 될 만한 큰 알 하나를 낳았다. 유화는 물론 모든 사람들이 이 알을 괴상하게 여겼다. 금와왕은 "사람이 어찌 새처럼 알을 낳는단 말인가? 너무나 괴이한 일이니 알을 버리도록 하여라" 하고 명령하였다.

알을 마구간에 버렸으나 말들은 알을 밟지 않고 피해 다녔고, 개나 돼지에게 주어도 먹지 않고 그대로 두었다. 깊은 산에 버렸으나 짐승들이 와서 알을 지키고 낮 동안은 해모수의 빛이 항상 그 알을 비추었다. 이런 일들이 있은 후 왕은 이 알이 심상치 않은 것임을 알아차리고 결국 그것을 낳은 유화에게 되돌려주었다. 유화는 알을 천으로 조심스럽게 감싸서 따뜻한 곳에 두었다. 드디어 알이 갈라지고 마치 병아리처럼 아기가 나왔는데, 건강한 사내아이였다. 아이는 알에서 깨어난 지 한 달도 지나지 않아서 제대로 말을 하기 시작하였다.

아기가 누워 있으니 파리가 날아와 눈이나 코에 앉았다. 아기는 어머니에게 "파리들이 눈에 앉아서 빨아대니 잠을 잘 수가 없습니다. 어머니 제게 활과 화살을 만들어주십시오"라고 했다. 어머니 유화가 댓가지로 활과 화살을 만들어주니 아기는 방안에 있는 어머니의 물레 위에 앉은 파리를 활로 쏘아서 쏘는 족족 맞혀 죽였다. 부여에서는 활을 잘 쏘는 사람을 주몽이라 불렀으니, 이 아이의 이름을 주몽이라고 하였다.

여기까지의 다소 긴 주몽신화의 초반 이야기는 그 흐름을 따라가다 보면 정말 있었던 일처럼 느껴질 수도 있다. 그러나 이 부분의 이야기는 사실을 바탕으로 적은 것이 아니고, 당시의 어떤 상황을 근거로 고구려 초의 사람들이 지어냈을 만한 것이다. 압록강을 오가며 동맹제에서 제사를 모시던 국내성 부근의 수신에 대해 그녀가 어떻게 천신의 아내가 되고 이들 부부가 어떻게 주몽(동명왕)을 낳게 되었는가를 설명하기 위해 당시 사람들이 신비스럽게 지어냈을 이야기인 것이다. 그리고 거기에다 아기 주몽의 신통력을 과장한 이야기가 덧붙여졌다.

이 이야기는 당시 사람들의 상상의 산물이므로 이야기 흐름이 물 흐르듯 자연스러워 전형적인 옛날이야기의 분위기를 보여준다. 게다가 전승과정에서 신기하고 재미있는 요소들이 끼여들어 이야기는 많은 사람들의 마음을 사로잡아 되풀이 말해졌다. 그러나 상상의 이야기라고 해도 아무렇게나 만들어진 것이 아니고 당시 사람들이 가진 사고방식과 나름의 합리성이 반영되어 있어 흥미롭다. 우선, 말을 함부로 하여 사단을 일으킨 유화의 입술을 석 자나 당긴 데서는 고대인들이 언어의 가치를 얼마나 소중하게 여겼는지를 알 수 있다. 그리고 용을 모는 데 쓰는 채찍이니 (「동명왕편」에서는 말채찍인 마편馬鞭이라고 하였으나 해모수가 타는 수레는 오룡거이므로 용을 다루는 채찍일 것이다) 요술을 부려 구리궁전을 만들 수 있다고 본 것과, 물속에도 다닐 수 있는 용이 끄는 오룡거가 아니고는 천신인 해모수가 하백의 물속 궁정에 가지 못한다고 여긴 것, 땅에 사는 유화를 해모수가 하늘로 데려갈 수 없다고 여긴 것 등에서 수긍할 만한 합리성을 읽을 수 있다.

신화시대가 지나 사람들이 좀더 현실적으로 되고 글자로 역사를 기록하는 시대에 이르러서는, 괴이하고 허황하다고 여겨진 이 부분들은 후대 사가들에 의해 심하게 생략되어 대부분 없어지고 말았다. 따라서 앞에 보이는 이야기의 상당부분은 그 자세한 내용이 전하지 않아「동명왕편」에 남겨진 신화의 흔적을 바탕으로 필자가 상상력을 발휘해 원래 이야기에 가깝게 만들어본 것이다.

주몽, 고난을 겪고 동부여를 떠나다

이제 이어지는, 주몽이 동부여에서 겪은 고난과 자신이 누구인지를 바로 알고 새 나라를 세우기 위해 동부여를 떠나는 과정의 이야기에는 사실성이 상당히 담겨 있다고 여겨진다. 그래서 이 부분은 후대 사가들에 의해서도 버려지지 않고 거의 모든 내용이 전해지게 되었다. 주몽이 동부여에서 금와왕의 서자로 태어나서 이복형제들에게 당했을 여러가지 어려움과 차별은 다소 과장되어 말해졌다. 영웅은 고난을 이겨내야 나라를 세우는 것과 같은 큰일을 할 수 있다고 여겼기 때문이다. 한편 이 부분의 이야기에는 주몽이 금와왕의 왕자인지 아니면 그와 아무런 관계도 없이 같이 살고 있었을 뿐인지가 매우 모호하게 나타난다. 이는 왕의 서자인 주몽을 천왕 해모수의 아들로 설정했기 때문이다. 주몽이 자신의 신분을 자각하고 새 나라를 세우기 위해 떠나는 뒷부분의 이야기에는 사실과 신비한 요소가 극적으로 조화를 이루어 흥미롭다. 이하 주몽신화의 내용은 이규보의 「동명왕편」의 주(註)에 인용된 『구삼국사(舊三國史)』의 내용을 기본으로 하고 다른 사서에 보이는 내용을 참고하여 필자의 견해를 약간 가미하는 정도에서 풀어쓴 것이다.

　동부여의 금와왕에게는 일곱 아들이 있었는데, 이들은 항상 주몽과 더불어 놀며 사냥하곤 하였다. 어느날 사냥에서 왕의 일곱 아들과 그들을 따르던 사십여 명의 사람들이 겨우 사슴 한 마리를 잡은 데 비해, 주몽은 사슴을 몰아주는 사람도 없이 혼자서 여러 마리를 잡았다. 왕자들은 창피하기도 하고 화가 났다. 그리하여 주몽을 붙잡아 나무에 묶어 두고 사슴을 빼앗아갔다. 혼자 남은 주몽이 화가 나서 힘을 쓰니 그를 묶어놓은 나무가 뽑혀버렸다.

　태자 대소(帶素)가 이 일을 보고 아버지 금와왕을 찾아가서 말했다. "주몽은 태어날 때도 이상하게 태어났고 힘이 장사인데다 백발백중의 명궁입니다. 그 얼굴이나 눈매도 평범치 않으니 언젠가는 이 나라의 왕 자리를 넘볼 것입니다. 아예 일찍 죽여없애는 것이 장래의 걱정을 막는 길일 것입니다." 금와왕은 아들의 말이 일리가 있다고 생각하면서도 만일 그가 하늘 왕의 아들이라면 그를 죽였다가는 큰 벌을 받을 수도 있다고 여기고 아들을 달래 보냈다.

금와왕은 주몽이 왕자들과 같이 지내다 보면 갈수록 충돌이 많아져 어떤 위험한 일이 일어날지 모르겠다는 걱정이 들었다. 궁리 끝에 왕은 주몽에게 자신의 목장을 맡아 말을 기르도록 하였다.

왕의 목장일을 맡은 주몽은 기가 막히는 심정이 되어 어머니를 찾아가 자기의 속상함을 말했다. "제가 하느님의 손자이고 천왕 해모수의 아들인데 다른 사람의 목장에서 말을 기르는 것이 차마 할 일입니까? 차라리 죽는 것만 못합니다. 남쪽 땅에 내려가서 새 나라를 세우고 싶지만 어머니가 이곳에 계시니 어찌할 수도 없습니다." 그의 어머니는 "네 처지는 나도 늘 생각해온 일이다. 너는 남의 밑에 있을 인물이 아니다. 그러나 이곳의 왕은 우리 모자에게 너무 큰 도움을 주신 분이니 이곳에서 왕노릇을 할 수는 없다. 그러니 이곳을 떠나서 새로운 나라를 세우도록 하여라. 대장부가 먼길을 떠나려면 준마(駿馬)가 있어야 하는데 우선 좋은 말을 목장에서 골라보도록 하자" 하였다.

주몽 모자는 곧 왕의 목장으로 가서 말들을 살펴보았다. 이윽고 주몽의 어머니가 채찍을 들고 공중에 휘두르며 말들을 몰기 시작하니 말들이 놀라 뛰고 달아났다. 그런데 그중 한 붉은 말이 두 길이나 되는 울

고구려의 마구간을 보여주는 덕흥리 벽화분의 그림. 말 앞에 신분이 낮았을 말먹이가 보이는데, 주몽은 잠시 이와같은 처지가 되었던 것이다.

타리를 뛰어넘었다. 주몽은 이 말이 준마임을 알고 곧 그 말을 잡아와서 혀에 작은 침을 꽂아두었다.

그 말은 혀가 아파서 풀도 잘 먹지 못하고 물을 마시기도 꺼려 점점 야위어갔다. 어느날 왕이 직접 목장을 돌아보러 왔는데 많은 말들이 살지고 반지르르 윤기가 났다. 왕은 주몽이 열심히 말을 돌본 결과라고 여기고 크게 기뻐하면서 그 야윈 말을 주몽에게 선물로 주었다. 주몽이 말의 혀에 꽂아두었던 침을 빼주니 말은 곧 다시 풀을 뜯고 물을 마시며 예전처럼 건강해졌다.

주몽은 어머니에게 작별을 고하고, 오이·마리·협부 세 친구와 더불어 동부여를 떠났다. 남쪽으로 말을 달리다가 아주 큰 강인 엄체수(掩 遞水)를 만나게 되었는데 건널 배는 없고 쫓는 군사는 곧 이를 듯했다.

주몽이 채찍으로 하늘을 가리키며 탄식하여 말하기를 "나는 천왕의 아들이요 하백의 외손자인데 지금 어려움을 피하여 여기에 이르렀으니 하늘과 땅께서는 이 외로운 자를 불쌍히 여기시어 속히 배나 다리를 주소서!" 하고 말을 마치고는 가지고 있던 활로 강물을 내려치니 물고기와 자라가 나와서 다리를 이루어 주몽 일행은 무사히 강을 건너게 되었다.

뒤쫓아오던 동부여 군사들이 곧 들이닥쳤는데 발빠른 이들은 이미 다리 위에 오른 자도 있었다. 그러나 물고기와 자라가 만들어 준 다리는 주몽 일행이 다 건너자 사라져버려서, 다리에 올랐던 군사들은 그만 강물에 빠져죽고 말았으며 다른 군사들은 그곳에서 추격을 멈출 수밖에 없었다.

강을 무사히 건넌 일행은 큰 나무 밑에서 쉬게 되었다. 그때 비둘기 한쌍이 날아왔다. 주몽은 곧 비둘기가 온 이유를 알아차리고 "어머니를 이별할 때 너무 마음이 아파서 그만 어머니가 주신 보리종자를 잊고 왔는데 거룩하신 신모(神母)께서 비둘기를 통해 그것을 보내신 것이리라" 하며 비둘기를 향해 끝이 둥근 화살 하나를 날렸다. 화살은 비둘기 두 마리를 한번에 맞추어 떨어뜨렸다. 비둘기의 목구멍을 벌려보니 보리종자 몇 알이 있어 그것을 빼냈다. 그리고 물을 한모금 입에 머금고 비둘기를 향해 뿜으니 기절했던 비둘기들이 다시 정신을 차렸다. 주몽은 하늘을 향해 비둘기를 힘차게 날려보냈다.

송양왕과 대결하여 승리하다

이어 졸본에 도착한 주몽이 거기서 크게 멀지 않은 곳에서 먼저 나라를 경영하고 있던 송양왕을 만나 힘겨운 경쟁을 하는 사실성 있는 이야기가, 고구려 사람들의 입장에서 주몽에게 유리하게 말해졌다.

졸본에 도착한 주몽은 덤불풀을 묶어 말뚝처럼 만들어서 신하들이 서야 할 자리를 표시해두고 스스로 그보다 윗자리에 앉아서 임금과 신하의 지위를 대강 정하여 새 나라의 일을 시작하였다. 어느날 사냥을 나온 송양왕이 주몽을 만나게 되었는데, 그는 주몽의 용모가 평범치 않음을 알아차리고 함께 자리에 앉게 하며 말했다. "바다의 한쪽에 치우쳐 살다보니 일찍이 군자(君子)를 만나보지 못했는데 오늘 우연히 참다운 군자를 보니 얼마나 반가운지 모르겠소. 그대는 누구이며 어느 곳에서 오셨소?"

주몽이 대답하여 "나는 천제의 손자이며 서쪽에 있는 나라[西國]의 왕이오. 그런데 왕께서는 누구의 후손이시오?" 하고 물으니, 송양왕이 "나는 선인(仙人, 신선)의 후손인데 이 비류수가에서 여러 대에 걸쳐 왕노릇을 하였소. 지금 이 고장은 너무 좁아서 두 왕이 설 수 없는 형편이고 그대의 나라는 세운 지 얼마되지 아니하니 나의 속국이 되었으면 좋겠소" 하였다.

주몽이 받아 말하기를 "나는 천제의 뒤를 이어 왕노릇을 하고 있지만 지금 그대는 신의 자손도 아니면서 함부로 왕이라 칭하니 만일 하늘의 후손인 나에게 복종하지 않는다면 반드시 하늘이 그대를 벌해 죽일 것이오"라고 하였다.

송양왕은 주몽이 여러번 하느님의 손자라고 말하자 의심이 앞섰으며 도대체 믿고 싶지도 않았다. 그는 주몽이 천제의 손자인지는 재주를 시험해보면 알 수 있으리라는 생각이 들어 주몽에게 말했다. "우리 둘이서 활쏘기 솜씨나 겨루어봅시다." 송양왕은 정말 하지 말았어야 할 시합을 신청한 셈이었다. 백 보 떨어진 곳에 사슴을 그려 걸어두고 맞추는 시합이었다. 송양왕이 먼저 쏘았는데 화살은 사슴을 겨우 맞추었다. 그런데 사슴을 쏠 때는 마땅히 사슴의 배꼽을 맞추어야 적중했다고 할 터인데, 송양왕은 배꼽과 거리가 약간 떨어진 곳을 맞추었을 뿐이었다.

주몽은 부하에게 명령하여 옥가락지를 가져다가 사슴그림이 있는 자리보다 더 먼곳에 매달게 하였다. 그리고 활시위를 힘껏 당겨 화살을 날렸다. 화살은 말 그대로 쏜살같이 날아가서 옥가락지를 명중하여 깨뜨려버렸다. 송양왕은 크게 놀라서 기가 꺾여 '이 자가 정말 천제의 손자인지도 모르겠는걸'하고 생각하며 급히 돌아갔다.

두 왕이 사냥터에서 만나 헤어진 후, 두 나라는 서로 사자(使者)를 주고받으며 나라간의 일을 상의하곤 하였다. 그런데 송양왕은 여전히 주몽의 나라를 얕보고 다소 무례하게 대했다. 주몽왕이 "나의 나라가 새로 세워져 북과 뿔나팔로 구성된 악대가 없어서 비류국(송양국)의 사

고구려 무용총 벽화에 보이는 뿔나팔을 부는 신선의 모습. 뿔나팔은 북과 더불어 지배자의 권위를 드높이는 악대를 구성하는 주요한 악기였다.

자가 오가도 내가 음악으로써 왕의 예의를 갖추어 만나지 못하니 그들이 나를 가볍게 여기는 것이다"라고 말했다. 시종인 부분노(扶芬奴)가 앞으로 나와 말하기를 "신이 대왕을 위하여 비류국의 북을 가져오겠습니다"라고 하였다. 왕이 말하기를 "다른 나라의 감추어둔 귀한 물건을 네가 어떻게 가져온단 말이냐?" 하니, 부분노가 말하기를 "그것은 하늘이 내려준 것이니 왜 가져오지 못하겠습니까? 대왕께서 부여에서 곤욕을 치를 때 누가 대왕이 이곳에 이르러 왕이 되실 것을 생각하였겠습니까? 지금 대왕께서 위태하던 동부여에서 벗어나 요동(遼東)에서 이름을 날리심은 천제의 명이 틀림없으니 이루지 못할 일이 무엇이 있겠습니까?" 하였다. 부분노는 다른 두 사람을 데리고 송양국에 가서 북 등의 악기를 훔쳐왔다. 이에 송양왕이 사자를 보내어 악기가 없어진 사실

삼실총 벽화에 보이는 울부짖는 모습의 천록(天鹿). 주몽이 잡아 슬피 울게 하여 하늘을 감화시
켰다는 큰 사슴의 모습이 이렇지 않았을까.

을 말하며 혹시 가져갔다면 돌려줄 것을 요구했다. 주몽왕은 송양국에
서 온 사자가 훔쳐온 악기들을 볼까 두려워하여 빛깔을 오래된 것처럼
검게 만들어놓도록 하니 그들이 보고 감히 자기 것이라 주장하지 못하
고 돌아갔다.

송양왕은 송양국보다 뒤에 세워진 주몽의 나라가 자신들의 속국이
되어야 한다고 끈질기게 주장하였다. 이에 주몽은 궁실을 지을 때 약간
썩은 나무로 기둥을 세워 천년은 묵은 집처럼 보이게 하였다. 송양왕이
와서 궁실을 보고는 감히 나라의 선후를 따지지 못했다.

송양왕의 항복을 받기 위하여 주몽은 궁리에 궁리를 거듭하였다. 그
러던 어느날 그는 나라의 서쪽 지방을 순행하다가 큰 흰 사슴 한 마리
를 산 채로 잡았다. 그는 사슴을 해원(蟹原)이라는 들판에 거꾸로 달아

매고 겁을 주며 "만일 하늘이 비를 내려 비류왕의 도읍을 물에 잠기게 하지 않는다면 너를 놓아주지 않을 테니, 이 어려움을 벗어나 살고 싶거든 네가 하늘에 간절히 호소하여 큰비가 내리게 하라"라고 말했다.

사슴은 살기 위하여 슬피 울어 하늘에 그 울음소리가 사무쳤다. 사슴의 울음에 감응한 하늘은 눈물을 펑펑 쏟으며 같이 울었는데, 그 눈물은 비가 되어 송양국이 있던 비류수가에 이레 동안 퍼부은지라 송양국의 도읍은 물에 잠기고 말았다. 송양왕은 물에 빠져 휩쓸려갔는데 갈대로 꼰 밧줄을 꼭 잡고 있었으며 그가 탄 말은 오리처럼 오르락내리락하였다. 백성들은 모두 나와 왕의 목숨을 구하기 위해 그 밧줄을 잡아당겼다. 이때에 주몽이 채찍으로 강물에 그으니 물이 곧 줄어들어 홍수는 끝났다. 이해 6월에 송양왕은 나라를 들어 주몽에게 항복을 하였다.

다음해 봄 3월에, 황룡이 하늘로부터 졸본의 골령(오녀산)에 내려왔고, 7월에는 푸르고도 붉은 서기(瑞氣)가 서린 구름이 골령의 남쪽을 덮어 왕의 앞길을 축복하는 듯했다. 주몽은 하늘이 보여준 성원에 더욱 힘을 얻어 이제 안심하고 국가를 건설하는 작업에 나서게 되었다. 우선 성과 궁실을 제대로 갖추어야 했다. 그런데 그 다음해 7월에 검은 구름이 골령에서 일어나서 사람들은 그 산을 볼 수 없었는데 다만 수천 명의 사람들이 공사를 하는 소리만이 들려왔다. 주몽왕은 "하늘이 나를 위하여 성을 쌓는 것이다"라고 말할 뿐이었다. 7일 만에 구름과 안개가 걷히니 성곽과 궁실 그리고 누대가 저절로 만들어져 있었다. 왕이 하늘에 절하며 감사하고 나아가서 살았다.

이 부분의 이야기가 사실성이 크다고 볼 수 있는 이유는, 이야기의 주요 내용에 보이는 역사성이 기원을 전후한 한국 상고기의 역사상과 당시 사람들의 관념세계를 잘 보여주고 있기 때문이다. 주몽이 졸본에서 풀밭 속의 자리에 앉아 건국사업을 시작하였다는 부분은, 왕과 주민의 생활수준이 크게 차이날 수 없는 초기 국가 건국기 역사상을 제대로 보여주는 것이다. 만약 일부의 주장대로 이 신화가 후대에 조작되었다면, 주몽이 졸본에서 '보좌(寶座)'에 앉아 정사를 시작했다고 했을 가능성이 큰 것이다. 왕은 신의 아들이어야 한다는 주몽의 주장도 당시 사람들의 왕에 대한 관념을 제대로 보여주고 있다. 아울러 주몽과 송양왕의 활쏘기 경쟁은 물론, 중국 군현에서 주변종족의 족장들에게 내려준 악기를 둘러싸고 두 나라가 벌이는 쟁취경쟁과 대립도 당시의 역사상에 부합한다. 주몽이 큰 사슴을 협박해 울려 장마가 지게 했다는 것도 고대인들의 주술적 사고방식을 엿볼 수 있는 이야기이다.

옛 영웅은 가고 새 영웅이 등장하다

그러나 어떤 영웅도 세상사람과 영원히 함께할 수 없고 그들을 계속 감탄시킬 수도 없다. 영웅도 사람이고 땅위에서 인간과

오회분 4호묘의 묘실 천장에 그려진 황룡. 다른 신선이나 신들보다 더 위쪽 천장에 그려져 있어서, 고구려인들이 주몽의 죽음과도 관련된 황룡을 매우 신성한 존재로 생각했음을 보여준다.

같이 두 발을 딛고 살아가는 이상 그도 결국 인간의 한계를 벗어날 수 없는 것이다. 사실 인간사란 너무나 복잡미묘하여 때로는 신들도 풀 수 없는 문제들이 적지 않으니, 영웅인 주몽으로서도 두 아내에게서 난 왕자들간의 미묘한 갈등은 쉽게 해결할 수 없는 어려운 문제였다. 무릇 영웅은 오래지 않아 세상의 무대에서 떠나게 마련이며, 새 힘과 사명감에 불타는 새로운 영웅에게 자리를 물려줘야 하는 것이다. 주몽은 죽고 아들 유리는 그를 용의 형상을 한 용산에 장사지내게 된다.

가을 9월에, 왕이 세상의 왕위(王位)에 있는 것을 즐겁게 여기지 않으시자 하늘에서 황룡을 내려보내 왕을 맞아오게 하였다. 왕이 흘본(졸본) 동쪽 언덕에서 황룡의 머리를 밟고 승천하시었다. 왕이 하늘에 오르고 내려오시지 않으니 이때 그의 나이는 40세였다. 태자 유리가 왕이 남기신 옥채찍을 시신 대신 용산에 장사하였다.

영웅 주몽의 이야기는 여기서 일단 끝나는 듯하다. 그러나 신화에서는 주인공이 죽는다고 이야기가 그냥 끝날 수는 없다. 그의 뜻과 업적이 어떻게 잘 계승될지를 사람들은 궁금해하기 때문이다. 사실 한 영웅이 나타나 새로운 나라를 세우는 등의 큰 역사를 이루었다고 해도, 그 영웅의 죽음으로 그가 추구해온 업적이 중단되거나 아니면 과거의 상태로 되돌아가버리는 경우도 적지 않다. 따라서 성공한 영웅의 신화, 고구려 건국신화로서의 주몽신화는, 주인공 주몽이 죽은 다음 그가 추구한 역사가 어떻게 이어질 것인가 하는 관심 속에서 그의 아들 유리왕의 등장까지 이야기가 이어졌다.

왕자인 유리도 어려서부터 남다른 면이 있었다. 소년 때에는 참새를 활로 쏘아 잡기를 일삼았는데, 참새를 잡으려다 화살을 잘못 쏘아 한 부인이 이고 가는 물동이를 꿰뚫어버리고 말았다. 그 여인이 노하여 말하기를 "아비도 없는 자식이 내 물동이를 쏘아 뚫었구나"하며 꾸짖었다. 유리는 크게 부끄러워하며 진흙 탄환을 쏘아서 물동이의 구멍을 막아서 전과 같이 만들어주고, 집에 돌아와서 어머니에게 "나보고 아비 없는 자식이라고 말하던데 내 아버지는 누구십니까?"라고 물었다. 그의 어머니는 유리가 아직 어리다고 생각하여 건성으로 "너의 아버지가 누구인지 알 수 없다"라고 대답하였다. 유리는 "사람이 정한 아버지가 없으면 어찌 얼굴을 들고 다른 사람들을 볼 수 있겠습니까?" 하며 부끄럽게 여겨서 스스로 목을 찔러 죽으려 하였다. 어머니는 깜짝 놀라 말리면서 말하기를 "아까 한 말은 실없이 한 말이다. 사실 너의 아버지는 천제의 손자이고 하백의 외손인데 이곳 동부여에서 다른 사람 밑에서 신하되는 것을 싫어하여 이곳에서 도망하여 남쪽에 가서 나라를 열었단다. 네가 장차 가보겠느냐?" 하였다. 유리가 대답하여 "아버지는 임금이 되셨는데 아들인 저는 남의 신하가 된다면 부끄러운 일이 아니겠습니까?" 하며 갈 뜻을 말했다.

유리의 어머니가 말하기를 "너의 아버지가 떠날 때 말씀하시기를 '내가 일곱 고개 일곱 골짜기 돌 위 소나무에 물건을 감추어둔 것이 있으니 이것을 찾아 얻는 자가 내 자식이다'라고 하셨으니 네가 그것을 찾도록 하여라"라고 하였다. 유리는 고개와 골짜기 그리고 소나무를 찾아 산으로 가보았으나 결국 감춰진 물건을 찾지 못하고 지쳐 돌아왔다. 그런데 집에 돌아와 집 기둥에 기대어 있던 그는 기둥에서 소리가 울리는 것을 듣게 되었다. 그 기둥은 소나무로 만들었는데 돌 위에 있고 일곱 모가 나 있었다. 유리가 스스로 생각하기를 '일곱 고개 일곱 골짜기라는 것은 일곱 모서리이고 돌 위 소나무라는 것은 기둥이구나' 하며 문제를 깨우쳤다. 일어나서 살펴보니 그 소나무 기둥 위에 구멍이 있고 그 속에 부러진 칼 한 조각이 있어 그것을 얻고 크게 기뻐하였다.

유리는 곧 고구려로 달려가서 칼 한 조각을 주몽왕에게 받들어올렸다. 왕이 가지고 있던 부러진 칼조각을 내어 합하니 피가 나면서 이어져 한 칼이 되었다. 부자간의 피가 통한 듯했다. 왕이 유리에게 묻기를 "네가 진실로 내 자식이라면 무슨 신성함을 갖고 있는지 보여라"라고 말했다. 하늘의 아들인 자신의 자식이라면 무언가 신성한 자질이 있어야 한다고 여겼던 것이다. 그래야 다른 신하들도 그를 믿고 따를 것임도 물론이었다. 유리는 즉시 몸을 날려 공중으로 솟구쳐 창문에 올라타고 비치는 해에 몸을 맞추어 보였다. 높은 창문에 올라타 서 있는 그의 몸은 그의 할아버지 해모수가 측복의 햇빛을 한껏 비추어주어 광채로 휩싸여 거룩하게 보였다. 이를 본 모든 사람들은 유리가 천제의 후손임을 믿었고, 주몽왕은 크게 기뻐하여 그를 태자로 삼았으며 드디어 그는 아버지를 이어 왕위에 올랐다.

주몽신화는 대무신왕 초에는 이미 이와같은 기본 줄거리를 갖추었을 것이다. 동명왕묘가 세워진 대무신왕 3년까지 주몽신화의 기본 줄거리가 만들어졌다고 보는 이유 중의 하나는, 이 신화가 주몽의 활동을 위주로 하고 유리왕의 등장까지만을 말하고 있다는 점이다. 그 모습을 직접 보지는 못했지만 어린시절부터 할아버지 주몽을 앙모하며 자란 또 하나의 영웅 대무신왕에 의해 할아버지 주몽의 사당이 세워지면서 신화는 일단 체계를 갖추었던 것이다.

대무신왕, 동부여를 원정하다

동명왕묘를 세운 몇달 후인 대무신왕 3년(서기 20) 9월에 골구천(骨句川)이라는 곳에서 사냥을 하던 왕은 한 마리의 준마를 얻어 거루(駏驤)라고 이름하였다. 이 말은 이듬해 동부여 정벌에 나가게 되는데, 하늘이 왕에게 뛰어난 능력을 가진 말을 미리 주어 동부여 정벌의 의지를 보여준 듯하다.

이해 10월에 동부여의 대소왕이 사신을 통해 이상한 까마귀를 선물로 보내왔다. 이 까마귀는 색깔은 붉은색이고 머리는 하나이고 몸은 둘이었다. 애초에 동부여 사람이 이 까마귀를 잡아 대소왕에게 바치자, 어떤 자가 "까마귀는 본래 검은색인데 붉은색으로 변했고 그 새가 머리는 하나고 몸은 둘인 것으로 보아 왕께서 고구려를 병합할 징조인 것 같습니다"라고 말했다. 이런 해석을 반갑게 생각한 대소왕이 이것을 고구려에 보내게 된 것이다. 이 새를 받은 대무신왕과 신하들은 이 괴이한 새가 의미하는 바와 대소왕이 이를 보낸 이유에 대해 논의하였다. 그리하여 대무신왕은 동부여에서 온 사신에게 "검은색은 북쪽의 색인데 지금 이것이 변하여 남쪽의 색인 붉은색이 되었고, 본래 붉은 까마귀

집안시 각저총 벽화에 보이는 해 안의 세발까마귀. 고구려 고분벽화에서 세발까마귀는 흔히 해를 상징하며, 신령스러운 동물로 여겨졌다.

사진 전호태

는 복스러운 새인데 동부여의 왕이 갖지 않고 나에게 보내주시니 두 나라 중 어느 나라가 흥하고 망할지 모르겠다"라고 대답하였다.

대무신왕의 이 대답은 사실 이 까마귀가 고구려가 동부여를 병합할 징조라고 해석한 것이다. 까마귀의 본래 색인 검은색은 북방의 색인데 이것이 붉은색으로 바뀌었으니, 고구려에 비해 북쪽에 있는 동부여가 망해 고구려로 병합될 징조라고 본 것이다. 머리가 하나이고 몸이 두 개라는 것은 물론 한 임금이 두 나라를 다스릴 것이라고 본 것이다. 여기에 보이는 몸통이 둘인 붉은 까마귀는 상식적으로는 있기 어려운 새라서 이 외교적 사건이 실제 있었는지는 잘 알 수 없다. 다만 이런 사건이 당시에 양국간에 있었다고 이야기되었다는 사실만으로도, 당시 사람들이 민감하게 대결구도를 이루어온 두 나라가 이제는 하나로 통합되어 경쟁을 끝맺을 단계에 이르렀다고 느끼고 있었음을 보여주는 것이다.

　수십년을 두고 경쟁관계에 있으면서 대립하여온 고구려와 동부여는 드디어 운명을 건 한판 승부를 겨루게 되었다. 주몽을 시조신으로 한 사당을 세워 자신의 나라가 동부여의 한 분파가 아니라 독자적인 하늘자손의 나라임을 분명히한 대무신왕은, 정통성을 두고 벌여온 두 나라간의 소모적인 신경전과 경쟁관계를 끝낼 필요성을 절실히 느꼈다. 군사력으로 보아서는 아직도 동부여에 비해 우세하다고 할 수 없었지만, 18세의 영웅 대무신왕은 할아버지의 건국사업을 완수하기 위해서는 자기 나라를 무시하며 트집을 일삼는 종가(宗家)라 할 수 있는 동부여를 반드시 정벌해야 한다고 생각했다. 그렇지 않으면 백성들도 그리고 고구려 내의 다른 부(部)들도 고구려의 맹주로서의 지위를 의심할 것이기 때문이다. 그리고 그들을 정벌하는 것은 주몽이라는 새로운 왕을 이 땅에 보내서 하늘과 백성으로부터 신뢰를 잃은 낡은 왕국을 없애고 새로운 왕국을 건설하라는 하늘의 뜻에도 합당한 것이라고 여겼다. 그는 하늘의 의지에 따른 것이라고 본 이 전쟁에 하늘의 도움이 있으리라고 확신하였다.

　대무신왕 4년(서기 21) 12월에 출발한 고구려의 동부여 정벌군은 늦겨울의 추위를 뚫고 수십일을 행군하는 긴 원정길에 나섰다. 젊은 영웅이 이끄는 이 원정군의 행로에는 여러가지 재미있고 힘든 일들이 준비되어 있었던 듯 많은 사건들이 벌어지게

서울 구의동 고구려 유적지에서 출
토된 5세기경의 쇠솥과 시루.

된다.

　원정군이 비류수가에 이르렀을 때 강가에서 어떤 여인이 큰솥
을 부여잡고 마치 놀고 있는 듯했다. 그러다가 대군이 이르니 여
인은 놀라서 솥을 물가에 팽개쳐둔 채 달아나버렸다. 병사들이
가보니 그것은 쇠로 만든 매우 큰솥이었다. 왕을 위시한 모든 사
람들은 지금까지 이렇게 큰솥을 보지 못했기에 매우 신기하게
생각하였다. 왕은 그 솥을 강변에 설치하고 밥을 지어보도록 하
였다. 그런데 불을 조금 때 솥이 달구어지자 더이상 불을 피우지
않았는데도 많은 군사들이 먹을 만한 양의 밥이 고슬고슬하게
잘 지어졌다. 이를 본 모든 사람들은 정말 신기한 솥이라고 생각
하며 하늘이 왕의 원정길을 도와서 이런 솥을 내려주신 것이라
고 생각하게 되었다.

그런데 조금 후에 웬 건장한 사내 하나가 나타났다. 그는 좀 거친 듯했으나 그만큼 순박하게 보였다. 사내는 왕에게 말했다. "저는 이 근방에서 대대로 솥을 만드는 대장장이입니다. 근래에 다른 곳에서 큰솥을 만드는 기술을 배워와서 처음으로 저렇게 크게 만들어본 것입니다. 그런데 제 누이가 새로 만든 솥을 강가에서 수세미로 씻고 있었는데 대왕의 군대가 이르자 깜짝 놀라 달아나서 잃게 된 것입니다." 왕은 말했다. "나의 나라 안에 이렇게 신기한 솥을 만드는 사람이 있었다니 놀랍고 반가운 일이다. 더욱 좋은 솥을 많이 만들어 사람들이 편히 밥을 지을 수 있게 하여라. 그리고 솥은 너의 것이니 돌려주겠다만은, 저렇게 조금만 불을 때도 많은 양의 밥이 끓어 저절로 되는 솥은 사실 우리 군대에 더욱 필요한데 아쉬운 일이다."

이 말을 듣고 기분이 좋아진 그 사내는 어깨를 으쓱하더니 이렇게 말했다. "대왕께서 저 같은 자를 이렇게 칭찬해주시다니 정말 몸둘 바를 모르겠습니다. 이 군사들에게 저 솥이 그렇게 필요하다면 제가 이 솥을 짊어지고 대왕을 따라가겠습니다." 그는 이렇게 말을 마치자 곧 솥을 씻어 등에 짊어지고 길을 따라나섰다. 대무신왕은 이 신기한 재주를 가진 대장장이의 순박한 충성심에 감동을 받았다. 그리하여 그에게 '솥을 짊어지다'라는 뜻의 '부정(負鼎)'씨라는 성을 주어 포상하였다.

철기시대가 본격적으로 시작되던 그 당시로는 첨단제품인 부

철을 다루는 기술은 고대인들에게는 매우 신비롭게 여겨져 신들의 일로 묘사되기도 하였다. 오회분 4호묘에 보이는 대장장이 신과 수레바퀴를 만드는 신.

정씨가 만든 큰 무쇠솥은 사람들을 놀라게 하기에 충분했으니, 그의 기술을 높이산 왕이 그에게 성씨를 내려서 귀족의 대열에 넣어주기에 이르렀던 것이다. 이 시기만 해도 신분제가 막 형성되던 무렵이라서 신기술을 가진 대장장이 같은 사람도 그 기술력에 의해 높은 신분을 가질 수 있었다. 비슷한 시기에 살았던 유명한 신라의 탈해왕도, 왕이 되기 전에 호공(瓠公)이라는 사람과 집터를 두고 다툴 때 자신의 집안이 대대로 대장장이를 해왔다고 주장했다. 사실 제멋대로 생긴 광석을 불로 녹여 쇳물을 얻어 솥이나 농기구 혹은 생활공구나 무기 등을 자유자재로 만드는 대장장이는 그 옛날에는 신이 들린 사람 혹은 신과 같은 사람이라고 여겨 신성시하는 경향도 있었다.

원정군은 이물림(利勿林)이라는 숲에 도착하여 하룻밤을 묵

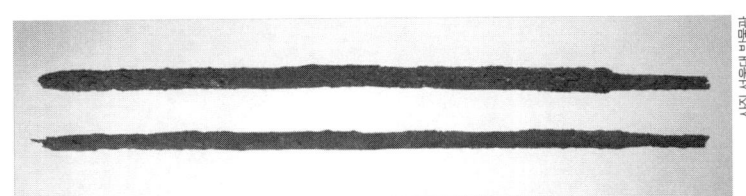

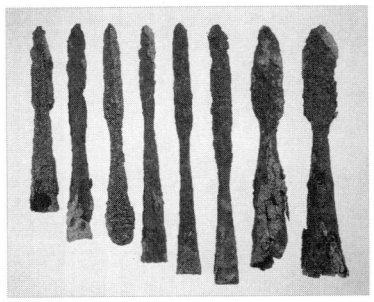

서울 구의동 고구려 유적지에서 나온 5세기 경의 긴칼(위)과 여러가지 투겁창(아래).

게 되었다. 그런데 군대가 그곳에 묵던 날 밤, 숲속에서는 밤새 쇠붙이를 두드리고 다뤄 무언가를 만드는 소리가 나는 듯하여 왕과 군사들은 깊은 잠을 잘 수 없었다. 아침에 일어나 왕은 밤새 들린 쇳소리가 어디서 난 것인지 알아보도록 하였다. 병사들은 깊은 숲속에서 많은 무기와 임금이 사용하는 도장인 금으로 된 옥새가 만들어져 있는 것을 발견하고 가져왔다.

대무신왕은 하늘이 자신에게 옥새를 내려 왕으로서의 위신을 제대로 갖추게 한 것이며, 이 전쟁을 후원하기 위해서 신령들이 밤새 무기를 만들어주었다고 여기고, 하늘에 절을 하고 물건들을 받았다. 이로써 병사들의 사기는 더욱 충천하게 되었다.

군대는 다시 행군을 시작하였는데 이때에 키가 거의 2m는 되는 거인이 나타났다. 그는 얼굴이 희고 눈에서 광채가 났다. 그는 왕에게 자신이 북명(北溟) 출신의 괴유(怪由)라고 하면서 이번 부여 정벌에 참여시켜준다면 부여왕의 머리를 베겠다고 말했다. 거인이 단칼에 동부여왕의 머리를 베어줄 것을 생각하니 왕은 기분이 매우 좋아져 기쁘게 괴유의 참전을 허락하였다. 이어 긴 창을 든 마로(麻盧)라는 이가 나타나 왕의 원정길을 인도하겠다고 하여 역시 같이 가도록 하였다. 세상에서 보기 드문 장수들을 얻어 앞세우고 악대의 연주에 따라서 길을 가게 된 왕과 군사들은 사기가 크게 올라 가볍게 발걸음을 옮겼다.

정벌군은 대무신왕 5년(서기 22) 2월에 마침내 동부여의 남쪽 지방에 진출하였다. 그 지역은 마침 언 땅이 녹아 진흙수렁이 많아 왕은 수렁 가까이의 평지를 가려 진을 치고 군사들에게 무장을 풀고 쉬도록 하였다. 왕이 이렇게 수렁 가까이에 진을 치고 군사들을 쉬게 한 것은 모두 적군을 유인하여 함정에 빠뜨리기 위한 작전이었다. 동부여왕은 고구려군이 지쳐서 전투에 대한 대비를 느슨하게 한다고 보고 전군을 동원하여 공격하였다. 그런데 대무신왕이 노린 대로 동부여왕은 말을 몰고 쳐들어오다가 그만 진흙수렁에 빠지고 말았다. 대무신왕은 장수 괴유로 하여금 그를 공격하라고 명하였다. 괴유가 고함을 지르며 칼을 빼들고 내달려가니 동부여군은 어찌할 줄 몰라 쓰러지고, 계속 진격한 괴유는 동부여왕을 잡아 단칼에 목을 베었다.

그런데 동부여의 군대는 왕이 죽었는데도 불구하고 여전히 포위망을 풀지 않고 겹겹이 에워쌌다. 대무신왕은 가지고 간 군량이 떨어져 군사들이 굶주리는 상황이 되자 어찌할 바를 몰라 했다. 그리하여 그는 천신에게 간절히 도움을 빌었다.

홀연히 큰 안개가 끼여 이레 동안 자욱하여 눈앞을 분간할 수 없게 되었다. 왕은 짚으로 사람모양을 만들게 하여 그것들에게 무기를 쥐여 진영 안팎에 세워두었다. 그리고는 밤중에 샛길로 군사를 빼내 겨우 빠져나올 수 있었다. 그런데 이때에 아깝게도 골구천에서 얻은 준마 거루와 부정씨가 가져온 큰솥을 잃고 말았다. 이물림에 이르러서는 군량이 없어 굶주린 군사들을 위해 짐승을 사냥하도록 하여 고기를 나누어 먹고 힘을 얻어 겨우 돌아올 수 있었다.

대무신왕은 고구려로 돌아온 후 자신의 무모한 작전을 반성하며 죽은 자를 조문하고 병든 자를 찾아 위문하였다. 이에 백성들이 크게 위로를 받고 왕을 위하여 더욱 나랏일에 충성을 다하자는 분위기가 일었다. 그런데 곧이어 3월에, 동부여와의 전쟁에서 잃어버렸던 말 거루가 돌아왔다. 거루는 동부여의 말 1백 필을 거느리고 돌아와서 왕과 백성들로부터 '신마(神馬)'라는 이름을 얻게 되었다.

동부여신화를 수용하여 주몽신화가 완성되다

그런데 다소 무모했던 대무신왕의 동부여 정벌이 실패로 끝난 것은 아니었다. 하늘이 함께한 이 전쟁에서 실패란 있을 수 없었을 듯도 하다. 동부여의 왕이 죽자 그후 동부여의 주민들은 흩어지게 되었다. 그중 이름이 알려지지 않은 대소왕의 막내동생이 이해 4월에 1백여 명의 부하들을 이끌고 압록곡에 이르러 마침 사냥중이던 해두왕(海頭王)을 죽이고 그 백성을 빼앗아 그곳에 갈사국(曷思國)을 세웠다. 그뒤 이 갈사국의 왕은 고구려와 우호적인 관계를 맺기 위하여 자신의 손녀를 대무신왕에게 시집보내 호동(好童) 왕자를 낳게 된다. 같은해 7월에는 대소왕의 사촌동생이 1만여 명의 백성을 이끌고 와서 대무신왕에게 투항하였다. 왕은 그들을 연나부(掾那部)에 살게 하였으며 대소의 사촌동생을 그곳의 왕으로 삼고 낙(絡)씨 성을 주었다. 이후 연나부는 계루부 왕실에 우호적인 세력집단으로서 고구려 초기에는 상당기간 왕비를 내는 왕비족의 위치에 있게 되었다.

같은해 10월에는 대소왕을 죽인 고구려의 영웅 괴유가 병으로 죽었다. 그는 병상으로 찾아온 왕에게 자신을 알아주고 써주었으며 많은 은혜를 내려준 것을 감사하는 마음을 말하여 왕을 감동시켰다. 괴유가 죽자 왕은 그를 그의 고향인 북명의 남쪽에 장사지내고 관리들로 하여금 제사를 지내도록 하였다. 고구려사에

잠깐 나타났다가 사라진 영웅 괴유의 이야기는 바로 북명의 그의 무덤과 관련하여 전설로 남았다가 역사서를 만들 때 기록되었을 것이다.

그런데 동부여의 왕족과 많은 백성들이 고구려에 투항하여 연나부로 편성된 것은, 앞에서 본바 고구려(계루부) 민중들이 주축이 되어 형성해온 주몽신화에 동부여의 신화를 약간 덧붙이는 계기가 된 것으로 여겨진다. 연나부에 편성된 동부여 왕족 출신들은 동부여를 처음 연 자신의 조상인 해부루와 금와왕에 관한 이야기를 한층 확실히 믿었기에 이를 고구려에 전했을 것이다. 금와왕의 신비한 탄생과 해부루의 천도, 동부여 건국에 대한 이야기는, 이미 고구려에서 형성된 주몽신화와 충돌하지 않는 범위에서 합쳐져, 시대순에 따라 동부여의 건국신화가 주몽신화의 첫머리에 올라가게 된 듯하다. 그리하여 우리가 주몽신화를 찾아볼 수 있는 『삼국사기』나 「동명왕편」을 보면, 동부여의 신화가 먼저 나오고 이어 본격적인 주몽이야기가 나오게 된 것이다.

그런데 이렇게 주몽신화의 내용에 동부여의 신화가 합쳐질 수 있었던 좀더 근본적인 이유는 따로 있었다. 바로 주몽에서부터 시작된 대무신왕 등 고구려 계루부 왕실이 해부루와 금와왕의 적손(嫡孫)이 아니고 서손(庶孫)이라 하여도 그들의 후손임을 부정할 수는 없다는 사실 때문이었다. 첩을 통해 이어진 서손이라고 해도 계루부 왕실은 자신들이 전통있는 동부여 왕실의 후예라는 사실을 한편 자랑스럽게 여겼을 것이며, 이를 굳이 전적으로 부정할 필요는 없었다. 더구나 옛날사람들은 돌아간 자기 조상을 신처럼 모셨던만큼 자신이 알고 있는 조상들에 관한 이야기를 쉽사리 무시할 수도 없었던 것이다.

다만 한가지, 동부여의 초대 왕인 해부루에 관련된 내용을 이야기하다 보면 자연히 그를 부여에서 쫓아낸 해모수에 대해서도 이야기하게 되었는데, 여기서 이 (북)부여의 해모수와 압록강에서 유화를 만나 그녀를 임신시키는 태양인 해모수가 중복되면서 약간의 혼란을 겪은 것으로 보인다. 그러나 그것은 신화의 위력을 떨어지게 할 만한 것은 아니라서 약간의 문제점에도 불구하고 있는 그대로를 전하게 되었다. 해모수가 왕노릇했다는 북부여나 주몽과 그의 후예가 왕노릇한 고구려가 다같이 동부여를 물리치고 세워진 나라라는 데서는 일치했기에 결국 태양의 아들이라 여겨진 주몽을 북부여 태양의 왕 해모수의 아들처럼 말하기도 했던 듯하다.

『삼국사기』와 「동명왕편」에 보이는 주몽신화의 가장 앞머리에 나오는 동부여신화의 내용은 이렇다.

부여왕 해부루가 늙도록 아들이 없어 산천에 제사하여 아들 낳기를 빌려 가는데, 그가 탄 말이 곤연(鯤淵)이란 곳에 이르러 큰 돌을 보고 눈물을 흘렸다. 왕이 이상하게 여겨 사람들에게 그 돌을 굴리게 하니 금빛나는 개구리 형상의 어린아이가 있었다. 왕이 "이는 하늘이 내게 아들을 준 것이다" 하고 말하였다. 데려다 길러 이름을 금와(金蛙, 금개구리)라 하고 태자로 삼았다. 정승인 아란불이 말했다. "며칠 전에 천제(하느님)께서 제게 내려오셔서 '장차 내 자손으로 하여금 이곳에 나라를 세우려 하니 너희는 피하라. 동해 바닷가에 가섭원(迦葉原)이란 곳이 있어 땅이 기름지고 오곡농사에 적합하니 도읍할 만하다' 하셨습니다." 아란불이 왕에게 권하여 수도를 옮기고 동부여(東扶餘)라 이름하였다. 옛 수도에는 어디서 왔는지 모르는 사람이 자칭 천제의 아들 해모수(解慕漱)라고 하며 그곳을 도읍으로 삼았다.

금와의 탄생설화와, 해부루왕 때에 외부의 침략을 받아 부득이하게 천도하게 된 사실로부터 시작되는 다소 구차한 동부여의 건국신화가 전하는 것이다. 그런데 이 동부여신화와 고구려에서 형성된 주몽신화를 어떻게 연결지을 것인가가 문제였으니, 이를 해결하기 위해 이야기는 부여에 나타나 천제의 아들을 자칭하며 왕노릇을 하던 해모수가 하늘을 날아 압록강으로 가서 유화와 그의 자매들을 만나게 되는 것처럼 만들어졌다.

한나라 신작 3년(기원전 59) 임술년에 천제가 태자를 보내어 부여왕의 옛 도읍에 내려와 놀게 했는데, 이름을 해모수라 하였다. 하늘에서 내려오는데 오룡거를 타고 따르는 사람 백여 명은 모두 흰 고니를 탔다. 하늘 위에 오색구름이 뜨고 음악소리는 구름 속에서 울렸다. 웅심산에 머물다가 10여 일이 지나서 내려오는데 머리에는 오우관을 쓰고 허리에는 용광검을 찼다.

여기서는 황당하게도, 해모수가 하느님의 명을 받아 옛 부여국의 수도에 내려와 정치를 하려 한 것이 아니고 놀러 왔다고 말하고 있다. 고주몽의 조상이기도 한 해부루를 밀어낸 북부여의 해모수를 주몽의 아버지로 설정하기가 다소 부자연스러웠던지, 그가 천제의 명을 받고 부여의 수도에 놀러 왔었다고 하며 문제의 소지를 줄이는 지혜를 발휘하여 이야기를 만든 것을 알 수 있다. 동부여 계통 신화를 통해 보아도 해모수는 이미 해부루를 내쫓고 부여의 옛 도읍에 와서 살고 있었어야 마땅하다. 그가 하늘에서 놀러 내려온 해가 기원전 59년이라 했는데 이는 주몽이 태어나기 한해 전이다. 주몽의 나이에 맞추어 주몽이 태어나기 한해 전에 압록강에서 놀고 있는 유화와 해모수를 만나게 하기 위해 이때에 하늘에서 놀러 내려온 것으로 하였던 것이다. 또한 해모수는 부여의 수도에 내려왔다고 했는데, 유화를 만나게 하기 위해 어느 사이 압록강 가까이에 있는 웅심산(熊心山)으로 가서 머물렀다고 이야기가 전개된다. 이후 드디어 그는 앞에서 본 바와 같이 압록강에서 헤엄치는 유화를 만나게 되고, 주몽신화는 현재 전해지는 체계를 다 갖추게 되었던 것이다.

국가체제를 정비하고 왕권을 강화하다

동부여가 망한 후 대무신왕의 통치는 비교적 순조롭게 펼쳐졌다. 왕의 8년(서기 25)에는 을두지(乙豆智)라는 신하를 우보(右輔)에 임명하여 국방에 관련된 업무를 맡겼다. 나라가 커지고 연나부를 비롯한 다른 부에 대해서도 더 큰 영향력을 행사하게 되었으므로, 국가의 중대한 일이 있을 때마다 왕 혼자서 처리하던 과거의 방식대로 할 수 없는 형편이라 이런 중요한 관직을 만들게 된 것이다.

왕의 9년(서기 26) 10월에는 왕이 친히 군대를 이끌고 개마국(蓋馬國)을 정벌하게 되었다. 대무신왕의 위세가 전과 달라진 것을 인정하지 않고 그에게 저항하던 개마국의 왕은 죽임을 당하고 말았다. 그러나 그 백성들은 그곳에 그대로 살도록 하고 나라는 왕의 영토로 삼았다. 같은해 12월에는 구다국(句茶國)의 왕이 개마국왕이 저항하다가 죽임을 당한 소식을 듣고 겁이 나서 스스로 항복해왔다. 대무신왕의 위력은 이제 압록강 일대의 모든 마을과 나라에 경외의 대상이 되었음을 알 수 있으며 그만큼 고구려의 영토는 늘어났다.

왕의 10년(서기 27)에는 늘어난 영토와 그만큼 많아진 나랏일을 잘 처리하기 위하여 좌보(左輔)의 관직을 더 설치하게 되었다. 2년 전에 우보에 임명했던 을두지를 좌보로 삼고 송옥구(松屋句)를 우보로 삼았다.

왕의 11년(서기 28) 7월에 중국의 요동군 태수가 많은 병사를 몰아 고구려를 공격해왔다. 국력이 날로 성장해가던 대무신왕 치하의 고구려를 견제하는 마음에서 공격해왔던 듯하다. 국방에 관한 책임을 지고 있던 을두지와 송옥구는 중국의 군대와 정면으로 싸워서는 승산이 없다고 주장하며 기습공격과 꾀를 써서 물리칠 것을 주장하였다. 그리하여 고구려군은 위나암성에 들어가서 나오지 않고 시간을 끌며 기다렸다. 요동군의 군대는 위나암성이 바위가 많아 물이 곧 마르리라고 여기며 성을 에워싸고 맞기다리는 작전으로 나왔다.

수십일이 지나도 적의 포위가 풀릴 기미를 보이지 않자 고구려군은 지치고 사기도 떨어져갔다. 걱정이 된 왕이 대책을 물었다. 좌보 을두지는 이렇게 대답했다. "적들은 우리에게 샘물이 없을 것으로 생각하고 성내의 물이 마르기를 기다리고 있습니다. 그러니 우리는 이곳 샘 옆 연못에 있는 잉어를 잡아 수초에 싸서 좋은 술과 함께 적장에게 보내 먹도록 하면 좋겠습니다."

왕은 곧 적진에 사신을 보내 술과 잉어안주를 전하고, 자신이 요동군이 속한 중국의 한나라를 제대로 섬기지 못하여 많은 군사가 출동케 하는 수고를 끼치게 되었다고 겸손한 말로 인사하였다. 살아 있는 잉어를 본 적장은 성내에 샘과 못이 있어 쉽게

환도산성의 음마지. 고구려 군사들이 말에게 물을 먹이던 곳이나 지금은 메워져 흔적만 남았다.

성을 빼앗을 수 없다고 생각하게 되었다. 그는 고구려왕이 공손한 말로 자신의 잘못을 말하였으니 황제에게 그대로 전하겠다고 하며 군대를 돌려 돌아갔다.

　고구려의 산성에는 흔히 샘이 있고 작은 연못이 있기도 한데, 위나암성으로 여겨지는 환도산성에는 두 개의 샘이 있고 지금까지도 음마지(飮馬池, 말에게 물 먹이는 못) 또는 양어지(養魚池, 물고기를 기른 못) 등으로 불리는 연못자리가 남아 있어서 여기 보이는 역사의 사실성을 뒷받침해주고 있다.

　대무신왕 15년(서기 32) 3월에는 대신인 구도(仇都)와 일구(逸苟) 그리고 분구(焚求)를 귀족의 자리에서 내쫓아 평민으로 삼는 일이 벌어졌다. 이들은 국내성으로 수도를 옮기기 전의 옛 수도인 비류수가 졸본지방에 있는 비류부(沸流部)의 부장(部長)

들이었다. 대개 자신이 태어나 자란 마을에서 부장의 일을 맡아 하던 이들은 자신들의 권세를 믿고 백성들의 소와 말, 재물과 심지어 아내나 첩을 빼앗기도 하였다. 왕은 이 소식을 듣고 그들을 죽이라고 하였다. 그러나 다른 신하들이 말렸다. 그들은 나이가 이미 많았고 주몽왕이 처음 왕노릇할 때부터 이 나라를 섬겨온 신하들로서 그 공로가 크며, 무엇보다도 그들을 죽이면 다른 신하들이 매우 불안해하여 나랏일에 협력하지 않을 가능성이 있기 때문이었다.

왕은 이들을 죽이지는 않았으나 나라의 기강을 바로하기 위하여 그들을 모두 평민으로 신분을 낮추는 벌을 내렸다. 그리고 비류부에 관노부(灌奴部) 출신의 추발소(鄒敎素)를 보내 부장으로 삼았다. 추발소는 부임한 후 자신의 권위를 세우기 위해 큰집을 따로 짓고 살면서 비류부를 다스렸다. 그는 이제는 평민이 된 구도 등 세 사람이 오더라도 절대 자신의 집 마루 위에 올라오지 못하게 하였다. 그러자 구도 등은 추발소 앞에 나아가 "소인들이 어쩌다가 왕의 법을 범하여 부끄러움과 후회를 금치 못하고 있습니다. 원컨대 공께서 우리의 허물을 용서하셔서 우리 스스로 새로워지도록 하여주신다면 죽어도 한이 없겠습니다" 하며 용서를 빌었다. 이에 추발소가 그들을 마루 위로 오르게 하고 같이 앉아 말하기를 "사람은 누구나 허물이 없을 수 없지만 허물을 능히 고치면 그게 바로 선한 것입니다" 하며 그들과 벗이 되었다.

이에 그들은 감격하여 다시는 나쁜 짓을 하지 않았다고 한다. 이 소식을 들은 대무신왕은 "추발소가 위엄을 부리지 않고 능히 지혜로써 악인을 징계하였으니 참으로 능력있는 사람이다" 하며, 그가 큰집에 산다 하여 대실(大室)씨라는 성을 내려주어 공로를 치하했다.

호동왕자는 낙랑공주를 사랑했을까?

이해(대무신왕 15) 4월에는 대무신왕의 아들 호동(好童)왕자가 지금의 함흥지방에 놀러 갔다가 마침 사냥중이던 낙랑의 왕 최리(崔理)를 만난 일이 있었다고 한다. 여기서 그 유명한 호동왕자와 낙랑공주의 사랑이야기가 펼쳐지게 된다.

『삼국사기』 대무신왕 본기 15년 기사에 나오는 관련 내용은 다음과 같다.

하(夏) 4월에 왕자 호동이 옥저지방에 놀러 갔는데 낙랑왕 최리가 나왔다가 그를 보았다. 묻기를 "그대의 얼굴을 보니 보통사람이 아닌 듯한데 혹 북쪽나라 신왕(神王, 대무신왕)의 아들이 아닌가"라고 말하며, 그를 데리고 가서 자신의 사위로 삼았다. 뒤에 호동은 고구려에 돌아왔는데, 비밀히 사람을 보내어 최씨녀(崔氏女, 낙랑공주)에게 고하기를 "만약 그대가 그대의 나라 무기고에 들어가 북과 뿔나팔을 부수면 내가 예를 갖춰 그대를 맞이할 것이요 그렇지 않으면 아내로 맞이하지 않겠다"라고 하였다. 이전부터 낙랑에는 북과 뿔나팔이 있어서 적병이 오면 저절로 울리는 까닭에 이를 부수게 하였던 것이다. 이에 최녀(崔女)는 잘 드는 칼을 가지고 몰래 무기고에 들어가서 북의 가죽면과 나팔의 주둥이를 부순 후 호동왕자에게 알렸다. 호동은 왕에게 권하여 낙랑을 습격하게 되었는데, 최리는 북과 뿔나팔이 울지 아니하므로 아무런 준비도 하지 않고 있다가 아군(고구려군)이 문득 성 아래에 이른 후에야 북과 뿔나팔이 부숴진 것을 알게 되었다. 드디어 딸을 죽이고 나와서 항복하였다. 혹은 (왕이) 낙랑을 멸하기 위해 청혼하여 그녀를 취해 아들의 아내로 삼은 후 뒤에 본국에 돌려보내 그 병물(兵物)들을 부수게 하였다 한다.

이 호동왕자와 낙랑공주 이야기는 우리나라 사람들 누구에게나 친근한 것인데, 여기에 기록된 내용은 전체적으로는 흔히 들어온 이야기와 유사하면서도 세부적으로는 과연 이런 내용이었던가라고 생각되는 점도 있을 것이다. 특히 두 청춘남녀의 애틋한 사랑이야기라고 생각해온 사람들로서는 과연 두 사람이 사랑했었나를 근본적으로 의심할 수도 있겠다. 호동왕자와 낙랑공주의 사랑이야기에 대한 우리의 인식은 이 설화를 소재로 한 「자명고」 같은 20세기 연극이나 오페라에서 재해석된 데 영향을 받은 것으로 보이는데, 이로써 원기록의 이야기가 오히려 낯설게 여겨질 정도가 된 듯하다. 어찌되었든지 이 기록을 보면, 우리에게 가장 잘 알려진 설화의 하나인 호동왕자와 낙랑공주 이야기는 그저 아름답고 비극적인 로맨스가 아니며 오히려 승리를 향한 고구려 사람들의 지나친 집념을 보여주는 이야기로도 읽힌다.

역사서에 나오는 모든 내용은 일단 그 사실성을 철저히 검토해서 믿을 수 있는지를 판단해야겠지만, 인용한 이야기 내용이 사실적인가를 알기 위해서는 좀더 검토해야 할 점들이 있다고 여겨진다. 그간 학계에서는 많은 사람들의 입을 통해 전해지면서 가공된 면이 있는 이 설화의 사실성을 곧이곧대로 인정하는 데 있어 신중한 태도를 보여왔다. 이 이야기의 사실성을 입증하기 위해서는, 무엇보다 호동이 놀러갔다는 옥저, 여기서는 고구려의 남쪽에 있었으니 당연히 동옥저(東沃沮)인 지금의 함흥지방에 낙랑국(樂浪國)이란 나라가 있었는지 여부를 밝혀야 할 것이다. 또한 당시 대무신왕 재위기에, 토착족인 동이족 출신이 아니라 중국계로 보이는 최리라는 이가 실제로 낙랑국에서 왕노릇을 했는가와, 호동왕자가 이 지역을 둘러보고 그 딸과 결혼을 약속했는지에 대해서도 설득력 있는 해석이 있어야 할 것이다.

낙랑국의 존재와 관련해서는 앞의 인용부분을 비롯해『삼국사기』대무신왕 본기에 보이는 낙랑 관련 기사들과, 역시 이와 관련해 대무신왕에게 망한 낙랑사람 5천명이 신라로 내려왔다는 『삼국사기』신라 유리이사금 본기 14년의 기사를 제외하면, 결국 『삼국사기』의 내용을 참조해 서술한 『삼국유사』기이편의 낙랑국 관련 내용 외에는 대무신왕이 재위하던 시기에 낙랑국이 존재했다고 볼 수 있는 객관적인 근거가 될 만한 다른 사료는 없다. 따라서 대무신왕 재위기에 고구려의 주위에 낙랑국이 존재했는지는 쉽게 밝힐 수 없는데, 다만 이 나라의 명칭으로 보아 어떤 연관성이 있으리라 여겨지는 낙랑군(郡)과 관련해서는 주목할 만한 사실들이 이때를 전후해 펼쳐져서 이를 빌미로 제기된 의문들을 해결할 수 있는 가능성이 보인다.

본래 함흥지방에는 이미 기원전 75년경부터 낙랑군의 별도 행정구역인 낙랑군동부도위(樂浪郡東部都尉)가 설치되어 있었다. 그런데 후한(後漢) 조정에서는 앞의 인용사실이 있었던 때로부터 2년 전인 광무제 건무 6년(서기 30, 대무신왕 13)에 국가의 경제·군사적 부담을 줄이는 정책을 실시하면서, 변방종족들을 다스리기 위해 설치했던 행정구역인 도위(都尉)를 모두 폐지하고, 도위가 폐지된 곳에 있던 종래의 족장이나 왕들을 현후(縣侯)로 임명하여 후한에 종속적인 존재로 삼아 연결을 갖게 하였다. 인용기사의 일이 있었다는 때로부터 불과 몇년 전에는, 중국본토에서 왕망의 신나라와 광무제의 후한이 교체되는 혼란기를 틈타 낙랑군의 본래 근거지인 평양에서 중국계 왕조(王調)라는 이가

군 태수를 죽이고 스스로 낙랑태수를 칭한 일도 있었다.

당시 중국과 만주 그리고 한반도 북부지역의 이러한 정치적 상황을 종합해 적극적으로 생각해보면, 동옥저 지역에 낙랑국이 존재했을 가능성도 생각해볼 수 있다. 후한을 세운 광무제에 의해 낙랑군동부도위가 폐지되었을 때, 동옥저 지역에 일시 권력의 공백이 생기면서 동이족인 토착세력가는 물론 더러는 그곳에 진출해 있던 중국계 관리들이 그 지역에서 독자적인 정치세력을 구축하려 시도했을 가능성은 충분하다. 따라서 기록에 보이는 '낙랑왕 최리'라는 이도, 그 기능이 없어져버린 낙랑군동부도위의 책임자였던 도위이거나 아니면 다른 직책의 관리로 있다가 그 세력을 독자화하여, 자신은 물론 그 지역과 연고가 있는 '낙랑'이라는 이름을 사용하여 '낙랑국(國)'이라고 칭하고 왕으로 행세했을 수도 있다고 여겨진다.

호동왕자의 함흥지역 탐방과, 그가 최리와 만나 인용된 기록의 일들이 있었을 가능성 역시 이러한 상황을 배경으로 생각해볼 수 있다. 이즈음 고구려는 동부여와의 지리한 경쟁을 끝내고 비교적 안정된 상태에서 주위의 여러 초기국가들을 정복하여 국력이 크게 향상되고 있었다. 따라서 이제는 나라의 남쪽과 남동쪽에 있던 낙랑군 혹은 동옥저 지역에 대한 영토 확장을 꾀하려 시도했을 것이다. 특히 동옥저 지역은, 낙랑 본군이 약화되면서 크게 그 영향력이 줄어든 낙랑군동부도위와 관련을 맺고 있다가 결국 동부도위가 폐지되었다면, 강력한 큰 나라를 이루지 못한 크고작은 마을들이 독자적인 세력을 형성한 채 흩어져 자리하고 있는 실정이었을 것이다. 그런데 이 지역은 함흥평야가 있어 농업이 상당히 발전했고 무엇보다도 동해바다를 앞에 두어 소금이나 각종 생선 등 해산물이 풍부한 까닭에, 중국인이나 고구려인 모두에게 풍요로운 꿈의 고장으로 여겨지고 있었다. 결국 이해로부터 24년 뒤인 서기 56년에 고구려가 동옥저를 점령한 것을 보면, 낙랑공주 관련 사건이 있었다는 대무신왕 15년에 고구려가 낙랑군동부도위의 통제를 막 벗어난 동옥저에 대해 정복의지를 갖고 그곳을 탐방하는 것은 얼마든지 있을 수 있는 일이기도 하다. 따라서 호동왕자도 신하들을 거느리고 동옥저 지역을 다녀왔다면 마땅히 이런 목적에서였을 것이고, 그가 함흥지역에 갔다가 우연히 왕으로 보이는 중국계 유력자 최리를 만났을 가능성도 없지 않은 것이다.

그런데 호동왕자의 어머니는, 동부여가 멸망한 후 압록곡에 내려와 나라를 세운 동부여 대소왕의 막내동생인 갈사국왕의 손녀로, 대무신왕의 둘째 왕비였다. 갈사국이 선 것은 대무신왕 5년 4월이니, 그해에 대무신왕과 갈사국왕의 손녀가 결혼하여 이듬해에 호동을 낳았다 해도 호동이 동옥저를 탐방했을 때의 나이는 10세 정도에 불과하다. (여기서 갈사국이 서기 전에 대무신왕이 대소왕의 막내동생의 손녀와 결혼했을 가능성과, 따라서 호동의 나이도 10세보다는 몇살 더 많았을 가능성을 생각하는 사람도 있겠다. 그러나 유리왕의 말년은 물론 대무신왕 초기에도 동부여 왕실과 고구려 왕실의 관계는 매우 적대적이어서 양측간에 결혼이 성사되었을 가능성은 거의 없었다고 보인다. 따라서 이 혼인관계는 갈사국이 선 다음에, 고구려의 국력을 크게 의식하지 않을 수 없었던 갈사국왕이 적극적으로 자신의 손녀를 대무신왕과 결혼하게 했던 것으로 보아야 할 것이며, 호동의 탄생도 갈사국의 건국 이후로 보아야 옳다.) 그런데 열살 남짓의 소년왕자 호동이, 자기 나라를 벗어나서 낙랑국을 포함한 여러 세력집단들이 흩어져 존립하던 동옥저 지역까지 갈 수는 있다 해도, 잠재적인 적대세력자의 딸인 낙랑공주와 결혼을 약속하고 왔다는 이야기는 일단 현실성이 떨어진다고 여겨진다.

설화에는 말하고자 하는 근본적인 진실(眞實)을 전달하는 과정에서 실제의 사실과 꾸며진 이야기들이 뒤섞여 전해지기 마련이다. 사실만 전하다보면 이야기가 재미가 없어 사람들을 감동시킬 수 없기 때문에, 전하는 사람들이 재미있는 이야기들을 만들어넣어 흥미롭게 함으로써 설화에 생명력을 불어넣는 것이다. 바로 호동왕자와 낙랑공주 설화도 이같은 필요에서 사실과 허구가 적절히 결합되어 구성됨으로써 많은 사람들에게 감동을 주며 전해졌다고 볼 수 있다. 따라서 이 이야기의 내용 중에서 사실과 허구를 가려보는 노력을 해야겠지만 그에 지나치게 얽매이지 말고, 오히려 설화가 전하고자 하는 진실이 무엇인지에 더욱 주목하며 그 역사적 의미를 찾는 단계로 한걸음 더 나아가야 할 것이다.

우연이라고 볼 수 없게도, 호동왕자는 낙랑공주와의 사건이 있고 난 직후인 같은해 11월에 자살하는데, 그 이유는 대무신왕의 정실왕비가 호동이 자신을 넘본다고 왕에게 거짓으로 일러바쳤기 때문이었다. 열살의 어린 왕자가 아버지의 부인인 왕비를 넘겨본다는 것은 말이 되지 않는 내용으로, 대무신왕도 왕비의 말을 믿지 않고 나무라기도 하였다. 그런데 그녀가 호동왕자를 왕에게 일러바친 이유는 다른 데에 있었다. 그것은 그때에 태자 책봉이 거론되고 있었는데 자기가 낳은 아들이 호동에 비해 나이가 너무 어려서 호동에게 태자자리를 빼앗길까 염려한 때문이었다. 그녀의 아들은 뒤에 모본왕(慕本王)이 된 해우(解憂)인데, 호동이 죽은 지 12년 후인 대무신왕 27년에 왕이 죽었을 때도 아직 나이가 어리다고 하여 그의 숙부가 먼저 왕위에 올라 민중왕(閔中王)이 된 것을 보면, 호동에 비해 나이가 크게 어렸던 것을 알 수 있다.

호동왕자는 정실왕비의 소생은 아니지만 대무신왕의 첫아들로서, 얼굴모습이 아름다워 이름조차 '아름다운 아이(好童)'로 불리며 부왕의 극진한 사랑을 받았다. 격정적이고 무사다운 면모의 대무신왕과는 또 다르게 곱게 자란 왕자다운 모습을 지녔던 그는 신하와 백성들로부터도 크게 사랑을 받고 인기가 있어서, 『삼국사기』에 보이는 대로 대무신왕의 첫째 왕비는 왕과 신하들의 사랑을 한몸에 받는 호동이 자신의 어린 아들을 제치고 태자의 자리를 차지할까 염려하고 시기하여 왕에게 그런 고자질을 했던 것이다.

그런데 왕비는 왕이 자신의 말을 믿지 않자 자신이 오히려 처벌을 받을지도 모르겠다고 생각하여 목숨을 걸고 나서게 되었다. 호동이 자신을 넘본다고 계속 주장하며 만약 자신이 거짓을 말하는 것이라면 기꺼이 처벌을 받겠다고 말하기에 이르렀다. 이렇게 되자 왕은 의심을 품게 되어 호동을 벌주려 하였다. 이 소식을 듣고 어떤 사람이 호동에게 말했다. "그대는 왜 스스로 변명하지 않는가?" 호동이 대답하기를 "내가 만일 변명하면 이는 어머니의 악함을 드러내어 아버지께 걱정을 끼쳐드리는 것이 되니 어찌 효라고 할 수 있겠는가?" 하면서 곧 칼에 엎드려 죽었다.

그런데 이해 12월, 곧 호동이 이렇게 자살한 바로 다음달에 정실왕비의 아들인 왕자 해우를 태자로 세우게 되었다. 이 사실을 염두에 두고 생각해보면, 당시 고구려 사람들에게는 호동왕자와 낙랑공주의 비극적인 사랑이야기보다는, 태자자리를 두고 벌어진 왕실 내의 권력다툼에서 호동왕자가 안타깝게 희생된 사건이 더 중요하게 여겨지고 관심을 끌었음을 알 수 있다. 더구나 호동이 죽고 곧 태자가 된 해우는 고구려역사에서 가장 포악한 왕의 하나인 모본왕이 되어 결국 신하에게 살해당했던만큼, 아름답고 착하며 비극적인 삶을 산 호동왕자에 대한 아쉬움이 그에 관한 설화를 만들어내는 원동력이 되었음을 알 수 있다.

따지고 보면 호동왕자가 스스로 죽을 수밖에 없었던 데는 그가 너무나 아름다웠던 탓도 있다. 그는 빼어난 미남이라 부왕의 극진한 사랑을 받았고 그래서 원비(元妃)의 시기의 대상이 되었던 것이다. 물론 거기에 원자(元子)보다 먼저 태어난 둘째 왕비의 아들이라는 비극적 조건을 더 갖고 있었다. 여기서 그의 비운은 충분히 예상된 것이었으나, 마침내 그것이 현실화되자 사람들은 그의 불행을 애석하게 여기며 그가 왜 이런 일을 당하게 되었는지를 이야기할 필요성을 느꼈을 것이다. 다른 정황과 이유들과 더불어 민중들은 그의 아름다움에 가장 큰 관심을 두고 그가 얼마나 미남이었기에 이런 결과가 생기게 되었는지를 말하고 싶었을 것이다.

그리하여 결혼도 못하고 애석하게 죽은 호동왕자에 대한 아쉬움과, 그 죽음의 한 이유였을 미남이라는 사실을 연관지어, 구체적이고 그럴듯한 사랑이야기가 만들어졌을 가능성이 있는 것이다. 동옥저에 놀러 갔다가 우연히 만나게 된 이국의 왕이 있었고, 그가 호동왕자에게 반한데다 고구려의 정복군주인 대무신왕에게 환심을 살 필요가 있어서 호동에게 어떤 호의를 베푼 사실이 있으며, 한걸음 더 나아가 자기 딸과의 혼인을 거론했었다면, 이야기는 한층 쉽게 펼쳐질 수 있었을 것이다. 호동왕자에 대한 최리의 성대한 예우는 곧 그가 호동왕자에게 자기 딸을 아내로 주었다는 이야기로 발전했을 수도 있고, 그 이야기는 민중들에 의해 너무나 미남인 호동왕자에게 반한 최리의 딸이 결국 자기 나라가 망할 것을 알면서도 왕자에게 모든 것을 바치려 하였다고까지 말해진 듯하다.

낙랑공주의 행위는 고구려 사람의 입장에서 일방적으로 만들어진 감을 부인할 수 없다. 사랑에 눈이 멀어 조국을 배반할 수도 있겠지만, 스스로 울리는 북과 뿔나팔을 부숴주면 아내로 맞겠다는 조건을 내거는 호동왕자에 대해 한 나라의 공주가 별다른 회의도 없이 무조건 따른다는 태도는 사실성이 적다고 볼 수 있다. 영웅적 기상과 자존심을 존중하던 고대사회의 왕실 출신 사람들이라면 이런 비열한 요구에 나름의 당당한 대응이 있어야 마땅한 것이다. 따라서 낙랑공주가 호동왕자를 위해 자기 조국을 배신하고 아버지를 멸망으로 몬다는 발상은 고구려 민중들의 바람에서 나왔을 가능성이 크다. 물론 자명고(自鳴鼓)나 자명나팔이란 보물이 있을 리도 없으니 이 역시 고구려 사람들의 상상의 산물인 것이다.

요즈음으로 보면 자동경보장치라고 할 수 있는, 스스로 울리는 북과 나팔은 중국의 역사에서도 찾아볼 수 없는 물건들이라고 한다. 이것은 우리 고대문화가 샤머니즘에 좀더 친밀했기에 가능한 것이라고 여길 만하다. 신들려 저절로 울리는 북과 나팔은 샤머니즘을 바탕으로 한 상상의 산물일 수 있다. 그러나 옛날 사람들이라고 모든 것을 종교적으로만 생각하는 것은 아닐 터이므로, 더 단순하게 생각해보면 이런 물건들이 왜 그당시 고구려 사람들의 이야기에 나올 수 있는가를 현실적으로 추정해볼 수 있다.

외적과의 전쟁에 끊임없이 시달리던 고구려 사람들로서는 큰 적이 쳐들어오면 굳건한 성안에 들어가 수십일을 버티는 것은 흔한 일이었다. 그런데 성안에 있다고 해서 병사들이 그저 놀면서 시간을 보낼 리는 없는 것이다. 병사들은 성벽으로 다가오는 적들과 싸우며 적의 침입에 대비해 밤을 밝히며 경비를 서야 했다. 여러 날을 잠을 설치며 경비근무에 시달리던 병사들은 자연스럽게, 적이 오면 저절로 울리는 북이나 나팔이 있었으면 하는 생각을 했을 것이다.

또 한편으로, 고구려 사람들은 적을 무찌르기 위해 수없이 기습적인 공격을 해왔다. 그것은 주로 밤에 은밀하게 이루어졌는데, 그 많은 기습공격에는 숱한 성공만큼이나 쓰라린 실패도 거듭되었을 것이다. 상대가 있는 싸움에서 고구려 군사만 늘 승리했을 리 없다. 힘들게 작전을 짜서 적의 성에 은밀하게 접근했다가 성을 기어오를 때 갑자기 성벽 안에 숨어 있던 적병이 일어나

호동왕자는 낙랑공주를 사랑했을까?

면서 숱한 화살을 날리고 돌을 던지며 뜨거운 물을 들어붓기도 하였을 것이다. 작전이 계속 펼쳐지는데도 적이 귀신처럼 알고 반격할 때에는 고구려 군사들도 사기가 떨어져 질려버리기도 했던 것이다. 군사들은 여기서 자연스럽게, 적군의 성에는 자신들이 접근하면 저절로 울려서 알려주는 북이나 나팔이 있다고 여겼을 수도 있다. 이렇게 보면 자명고와 자명나팔은 고구려 일반 병사들의 상상의 산물일 가능성이 매우 크다고 하겠다. 더구나, 그즈음 고구려가 선진문화를 가진 낙랑국 정벌을 염두에 두고 있었다면, 혹시 그 나라에는 그런 신비한 물건이 있을지도 모른다고 생각했을 만하다.

호동왕자 자결의 역사적 의미

호동왕자의 비극적인 죽음과 해우왕자의 태자 임명은 고구려 초기 역사 전체로 보아 커다란 상징적인 의미를 갖고 있다. 유리왕 때에도 아버지에게 저항하다 죽은 해명태자가 있었지만 이번에는 그때와 달리 왕자형제간의 대립에서 최초로 희생이 났다는 사실에 주목할 필요가 있다. 일찍이 유리왕자와 비류 및 온조 왕자의 대립이 있었지만, 두 동생 왕자가 새로운 길을 개척해감으로써 왕실은 오히려 이 위기를 번영과 확장의 기회로 삼을 수 있었다. 그런데 이제는 제법 영토가 커지고 안정된 왕국을 놓고 왕비가 앞장서서 왕자들간에 왕위를 놓고 대립하는 일이 벌어졌고 첫 희생자가 나오게 된 것이다.

이는 주몽의 후손인 계루부 왕실이 이제는 진취적이고 개척자적인 자세를 잃어가면서 기득권세력으로 변해가고 있었음을 보여주는 것이다. 그런데 비극적이게도 능력있는 왕자는 차비(次妃)에게서 먼저 태어나고 포악한 왕자는 원비(元妃)에게서 뒤늦게 태어나는 악조건을 갖추고 있었던 것이다. 대립의 결과는 결국 능력이 우세한 자의 죽음으로 끝났으니 이 사건은 호동왕자 개인의 비극에 그치지 않고 계루부 왕실의 비극이 되었던 셈이다. 곧 대무신왕을 이어 동생인 민중왕이 왕위에 잠시 오르고 뒤이어 왕이 된 모본왕은 재위 6년 만에 신하에게 살해됨으로써, 동부여의 망명왕자인 주몽에서 시작된 최초의 계루부 왕실은 일단 종말을 고하고, 혼란기를 거쳐 그들의 한 분파가 왕의 자리를 이어가게 되었다.

왕자 해우를 태자로 삼은 이해, 즉 대무신왕 15년(서기 32) 12월에는 중국의 후한에 사신을 보내 조공을 하였다. 과거에 왕망의 신나라와 매우 불편하고 적대적인 관계를 가져온 고구려로서는 한나라를 재건한 후한의 광무제에게 사신을 보내서 우호적인 관계를 회복했으면 하는 바람이 있었다. 후한의 광무제로서도 이제 막 나라를 세워 안정되지 않은 시기였으므로 변방종족들을 자극할 필요가 없었고, 더구나 국력이 크게 신장된 고구려와 좋은 외교관계를 맺었으면 하였다. 광무제는 과거에 왕망이 후(侯)로 낮추었던 고구려왕의 지위를 다시 왕(王)으로 높여주어 정상적인 외교관계를 회복하였다. 후한이 취한 이 조치는 대무신왕이 고구려연맹의 확실한 맹주요 국왕이라는 사실을 외교적으로도 인정한 일로서, 정치적 의미가 크다고 할 수 있다.

대무신왕 20년(서기 37)에는 고구려가 낙랑을 습격해 멸망시켰다고 한다. 『삼국사기』 대무신왕 본기에 나오는 이 기사는, 5년 전에 있었다는 호동왕자와 낙랑공주 이야기를 다루면서 본 바와 같이 그때에 이미 낙랑을 공격해 항복을 받았다고 했던바, 다시 그 나라를 멸망시켰다고 하여 역시 그 사실성이 크게 논란이 될 수 있는 내용이다. 앞서의 설명에서 보듯, 이때의 낙랑은 낙랑군 동부도위가 있던 동옥저 지역을 말하는 듯하다. 그 지방의 마을들을 습격하여 대대적인 약탈을 감행했거나 특히 최리가 왕노릇을 하던 나라를 멸망시킨 사실을 이렇게 전하는 듯하다. 이에 따르면, 앞서 낙랑공주가 북과 나팔을 망가뜨려 고구려가 승리하게 되었다는 이야기는 대무신왕 15년의 일처럼 나왔지만, 그때는 그런 일이 없었고, 다만 호동왕자의 탐방을 통해 그 지역에 대한 자세한 정보를 얻어 침략을 준비한 끝에 이때에 와서야 그곳을 침략하여 멸망시킨 것으로 보인다. 물론 이때의 전쟁에서 낙랑공주가 자명고를 찢어줄 이유는 없는 것이니, 그런 이야기는 사실이 아니다.

이때에 고구려가 동옥저가 있던 동해안의 일부 지역을 장악하여 영향력을 미치게 되었을 가능성을 보여주는 다른 사실도 있다. 대무신왕을 이어 왕위에 오른 민중왕의 4년(서기 47) 9월에 동해 사람 고주리(高朱利)라는 이가 왕에게 고래를 잡아 바친 사실이 『삼국사기』의 민중왕 본기에 보이는 것이다. 대무신왕 20년과 민중왕 4년은 불과 10년의 차이인데, 대무신왕 때에 이 지방의 일부라도 영토로 확보했기에 민중왕 때에 그곳 사람인 고주리가 고래를 바치게 된 것이라고 여겨진다.

더구나 고주리의 고(高)씨 성은, 당시만 해도 아직 고구려 왕실의 성씨라기보다 낙랑군에 있던 중국계 주민들의 저명한 성씨의 하나였다. 그들 중 고상현(高常賢)이라는 사람은 낙랑군 출신으로서 동옥저에 있던 부조현(夫租縣)의 현장(縣長)을 지낸 이로, 그의 도장이 평양에 있는 그의 무덤에서 나온 바 있다. 이렇게 보면 동해안, 아마도 동옥저 지방에 살고 있었다고 여겨지는 고주리도, 바로 과거에 낙랑군에서 낙랑군동부도위를 통치하기 위해 보낸 중국계 주민 중에 그곳에 자리를 잡아 유력자가 된 사람으로 보인다. 그는 자기가 사는 지방의 마을이나 나라를 대표하여 종주국인 고구려의 왕에게 고래를 잡아 바쳤던 것이다.

체제가 갖추어지고 신화시대가 끝나다

대무신왕 24년(서기 41)에는 고구려에 숱한 기상이변이 있었다. 15세의 나이에 왕위에 올라 오랜 경험을 통해 관록이 붙은 대무신왕의 통치는 비교적 평탄하게 이루어지고 있었다. 그러나 승리와 안정이 지속되면서 나라의 기운은 예전처럼 활달하고 진취적이지 않고 구태의연하게 변하고 있었다. 하늘의 아들인 주몽과 그의 아들 유리 그리고 젊은 시절의 대무신왕이 보여준, 소박하면서도 새로운 질서를 창조하기 위해 신들린 듯 정열적으로 나랏일을 처리하던 기풍은 사라지고, 강력한 왕권을 바탕으로 강압적인 자세로 통치하는 대무신왕에 대한 백성들의 보이지 않는 불평이 쌓여갔을 것이다. 나라가 커지고 체계가 갖추어지면서 정치는 오히려 백성들의 소망과 아쉬움을 그때그때 해결해주지 못했다. 아울러 사람들이 자신의 능력을 발휘하여 출세할 기회가 적어지면서 사회는 초창기의 활력을 잃고 그에 따른 불평의 소리는 점점 높아졌을 것이다. 더구나 포악한 성격을 가진 태자 해우를 보면서 백성들은 나라의 장래에 대해 우울한 전망을 가질 수밖에 없었던 것이다.

바로 이런 사회적 분위기는 사람들로 하여금 날씨의 이변을 민감하게 느끼도록 하였다. 민중들은 '왜 근래에 들어 하늘이 이같이 좋지 않은 날씨를 보이는가' 수군대며 정치의 추이를 지켜

보고 있었다. 춘3월에는 수도에 우박이 내려 큰 피해를 입었고 추7월에는 서리가 일찍 내려 곡식을 크게 해쳤다. 역시 추8월에는 계절에 어울리지 않게 매화가 피어나 사람들을 어리둥절하게 했다. 대무신왕이 즉위하던 초에 비해 너무나 정체되고 그만큼 희망도 없는 분위기에서, 미래에 대한 전망을 제대로 제시하지 못하여 어수선해진 민심을 자연이 그대로 대변하고 있었던 셈이다.

대무신왕 27년(서기 44) 9월에는 후한의 광무제가 많은 군대와 관리들을 배에 실어보내서 낙랑군을 회복하여 다스리기 시작하였다. 이 사실은 낙랑(평양 일대)지역에 대한 국력신장을 꿈꾸어온 대무신왕과 고구려 사람들에게 매우 큰 부담으로 다가왔다. 그동안 낙랑지방은 중국 내의 정치가 혼란하여 뚜렷한 중심체가 없이 표류해온 상황이었다. 따라서 고구려는 이 기회를 이용해 이들 지역을 차지하려고 마음먹고 대비를 해왔던 것이다. 동옥저에 대한 공격도 그러한 의도에서 나왔던 것이다. 그런데 이제는 중국의 한나라를 다시 세운 막강한 황제인 광무제가 많은 군대를 보내 이 지역을 다시 지배하게 된 이상, 쉽게 낙랑지역을 차지할 가능성은 희박해진 것이다. 게다가 후한 정부는 낙랑군에만 군대를 보내 지배를 강화한 것이 아니라 국가체제를 재정비하면서 요동군 등도 다시 정비하여 변방지역에 대한 지배체제를 체계적으로 갖추게 되었던 것이다. 진취성을 크게 잃어가고 있던 대무신왕과 왕실로서는 주위의 어려워진 정세를 감당하기 어렵게 느꼈을 것이다.

백성과 신하들은 그동안의 침체된 분위기 속에 실망을 더하게 되었다. 왕실이나 왕에게도 이 사태는 전혀 바라지 않던 바였다. 대무신왕은 너무나 답답한 심정이 되었을 것이다. 새롭게 상대해야 할 후한은 자신이 왕위에 오르던 시절에 대항해야 했던 동부여 정도와는 상대가 되지 않을 엄청난 대국이었다. 나라의 발전전망은 매우 어두운 것이었다. 이런 심경이 화근이 되었는지 왕은 곧 병을 얻었다. 그리하여 그는 이해 10월에 41세의 나이로 영웅적인 삶을 마치고 말았다. 그는 나무가 많아서 큰 짐승들도 많이 살고 있던 대수림원에 장사지내졌다.

그의 죽음은 사실상 고구려의 신화시대의 종말을 고하는 것이었다. 이제 고구려는 새롭게 제기되는 국내외의 많은 문제 속에서 한두 영웅의 신통한 활동을 통해 문제를 해결하던 단계를 벗어나고 있었으며, 그 전환의 입구에서 대무신왕은 자신에게 주어진 임무를 마치고 조상들의 품으로 돌아갔던 것이다.

그가 죽은 수백년 후 고구려 후기의 어느 왕 때에 그의 할아버지 동명성왕과 아버지 유리명왕의 존칭이 추증되면서, 신으로 여겨질 만큼 용감하고 군사적 능력이 뛰어났던 그는 '대무신왕 (大武神王)'의 존칭을 추증받게 되었다. 그리하여 그는 고구려 역사에서 가장 용감한 왕의 한 사람으로 기억될 수 있었다.

대무신왕의 장례를 치른 후 고구려 조정에는 태자의 왕위계승 문제로 긴장된 분위기가 감돌았다. 태자인 해우가 아직 성년에 이르지 못하여 왕의 자리에 오르기에는 이르다는 여론이 있어 왔기 때문이다. 여러 종친과 대신들이 분주히 움직여 대무신왕의 동생인 해색주(解色朱)를 왕위에 오르도록 하고 해우가 좀더 장성하면 왕위를 잇게 하기로 해결책을 찾았다.

그리하여 유리왕의 아들이자 대무신왕의 동생인 해색주가 서기 44년 겨울에 왕이 되었다. 이 왕이 바로 민중왕(閔中王)이다. 민중왕은 즉위한 후 5년째 되던 해에 세상을 떠났는데 그의 재위기간에는 이렇다 할 특징이 없는 정치가 행해졌다. 다만 4년 동안에 두 차례의 자연재해가 있어서 그의 통치기간에 사회 전반의 분위기가 음울했을 것을 보여준다.

앞서 본 대로 이미 주몽의 후예들은 그 진취성을 잃고 있어서 이렇다 할 비전을 제시하지 못했으니, 구태의연한 일상적 통치행위 외에는 백성들을 위하고 나라의 발전을 기할 만한 별다른 정책을 내지도 또 실천할 수도 없었던 것이다.

이렇게 나라의 발전을 기약하지 못하는 희망 없는 정치는 결국 백성들의 이탈이라는 국가적 대손실을 가져왔다. 민중왕 4년 (서기 47) 초겨울에, 이미 왕의 2년과 3년에 연이은 홍수와 가뭄의 피해를 입은 백성들 1만여 명이 잠지락부(蠶支落部)의 대가 (大加, 대족장)인 재승(載升)의 인도로 낙랑군으로 도망하였던

제제가 갖추어지고 신화시대가 끝나다

것이다. 그런데 이때 주민들의 도망은 살기가 힘들어진 백성들이 개별적으로 하는 야반도주의 형식이 아니라 큰 마을들을 이끄는 족장이나 부자들이 지도하여 집단적으로 나라를 뛰쳐나간 것이라는 데 더욱 심각성이 있었다. 족장이나 부자들은 토지와 집 등 재산이 많기 때문에 상당한 어려움이 있더라도 참고 고향에서 살기 마련인데, 이들조차 이 나라에 희망을 갖지 못하고 있음을 보여주는 것이다. 신화의 시대가 끝나고 신화시대를 이끌던 신성해야 할 왕이 미래에 대한 비전을 제시하지 못하면서 고구려는 일시 쇠퇴의 길을 걷고 있었던 것이다.

민중왕은 그의 재위 5년(서기 48)에 세상을 떠났다. 그의 묘는 따로 만들지 않고, 그가 죽기 한해 전에 민중원(閔中原)이라는 들에서 사냥중에 발견해 유언으로 부탁한, 돌로 된 굴에 묻히게 되었다. 그래서 이 왕은 죽은 다음에 민중원이라는 들에 묻혔다고 하여 민중왕이라고 불리게 된 것이다.

민중왕이 죽자 대무신왕의 원자인 해우가 서기 48년에 고구려의 왕위에 올랐으니 이가 곧 모본왕(慕本王)이다. 그는 이복형인 호동왕자를 죽음에 이르게 하고 태자가 된 사람이다. 그는 성격이 괴팍하고 잔인해서 신하와 백성 들은 그의 즉위를 반가워하지 않았다. 그가 즉위한 해에는 백성들의 불만을 하늘이 아셨는지 추수기인 가을에 큰 홍수가 져서 산이 20여 군데나 무너졌다. 그러나 그는 이런 재해에는 별 관심을 두지 않고 자신의 아들인 왕자 익(翊)을 태자로 세워 왕실의 장래를 준비하는 일을 먼저 행할 뿐이었다.

　모본왕 2년(서기 49) 봄에는 전년의 홍수로 혹독한 춘궁기를 겪은 백성들의 원성이 높아지자 왕은 중국의 동북지방에 군사를 보내 약탈을 하도록 하였다. 중국의 요동군 태수 채동(蔡彤)은 많은 양식과 재물을 내어주면서 고구려 사람들을 달랬다. 그리하여 고구려 군사는 약탈을 중지하고 나라로 돌아오게 되었다. 이해 초여름인 4월에는 서리가 내린 데 이어 우박이 내리는 등 날씨가 매우 변덕스러워 농사에 큰 피해가 나고 민심이 흉흉해졌다. 그리하여 왕은 이해 8월에 신하들을 보내서 굶는 백성들을 구제하였다.

　그러나 모본왕의 포학함은 갈수록 더해갔다. 백성들이나 신하들이 자신을 좋아하지 않는 것을 알고 있던 그는 사람을 더욱더 괴롭혔는데, 심지어 사람을 깔고 앉고 누울 때에도 베개로 삼았다는 기록이 전한다. 그러다가 그 사람이 움직이면 죽였으며, 만약 왕의 잘못을 말하고 고칠 것을 요구하는 신하가 있으면 활로 쏘아죽였다. 이렇게 되자 왕의 통치는 완전히 공포정치가 되고 말았다. 백성들은 하늘의 아들인 주몽왕의 후예 중에 어찌 이런 자가 있을 수 있는가 하며 한탄하였다.

　왕은 그의 재위 6년(서기 53) 11월에 신하인 두로(杜魯)에 의해 살해되었다. 두로는 왕의 시종으로 보이는 신하였는데 왕의 성품을 너무 잘 아는 그는 언제 자기가 왕에게 죽임을 당할지 몰라 두려움에 떨며 울기도 하였다. 그가 우는 것을 본 어떤 사람이 그에게 말하기를 "대장부가 왜 우느냐. 옛말에도 있듯이 너를 불쌍히 여겨 돌봐주면 너의 임금인 것이요 너를 학대하여 괴롭히면 원수일 뿐인 것이다. 저렇게 포학한 임금은 언젠가 너를 죽일 너의 원수일 뿐이다. 더구나 그는 온백성의 원수이니 네가 그런 임금을 죽여도 온나라 사람들이 오히려 좋아할 것이다. 그를 죽여버려라"라고 하며 왕을 죽이도록 꾀었다.

두로는 왕을 죽이기로 결심하였다. 어느날 왕이 자리에 깔고 앉으려고 자신을 부르자 품고 있던 칼로 왕을 찔러죽였다. 왕은 두로의 출신지이기도 한 모본원(慕本原)에 장사되었다. 왕을 시해한 자의 출신지에 죽은 왕의 무덤을 둔 것은 약간은 의외인데, 묘지가 모본원에 있었기에 이 왕을 뒤에는 모본왕이라고 불렀다.

왕을 죽인 후 두로가 어찌되었는지는 전혀 전해지지 않는다. 추정해본다면 그는 백성들로부터 누구도 하기 어려운 큰일을 시원하게 대신해주었다는 칭송은 얻었겠지만 일단은 왕의 시해범으로 처형당했을 듯하다. 그는 자신의 죽음을 매우 원통하게 생각했을 테지만, 자기의 살길을 확실히 만들어두지 않은 채 우연찮게 역사적 전환의 계기를 만든 사람들이 으레 그렇듯 민중의 큰 성원을 받은 데 만족하고 죽임을 당할 수밖에 없었을 듯하다.

당시의 역사적 흐름에서 생각해보면, 두로의 행위는 개인적인 것이면서도 동시에 왕실과 역사에 대한 민중들의 정서를 적극적으로 반영한 것으로서, 역사적으로 큰 의의를 갖는다고 볼 수 있다. 신성함을 잃어버리고 원시적 폭력만으로 다스리는 전제적 왕의 통치를 끝내게 함으로써, 주몽 이래 국가의 초창기에 펼쳐진 신성한 왕에 의한 신화적 통치를 마감하고, 한층 복잡하고 다양해진 인간의 문제들을 인간적인 절차와 방법을 통해 해결하는 정치의 단계로 나아가는 계기를 마련했던 것이다.

주몽신화, 고구려의 정신적 기반이 되다

모본왕의 죽음으로 주몽에서부터 시작된 고구려의 신화시대는 완전히 끝나게 되었다. 그러나 상당한 혼란기를 거쳐, 여전히 계루부 내 유리왕의 왕자인 재사(再思)의 가문에서 나온 태조대왕(太祖大王)이 왕이 되고 그의 친족들에 의해 왕위가 이어지게 되었다. 새 왕실은 대무신왕과 모본왕의 후예는 아니지만 주몽왕과 유리왕의 후손이었기에 시조왕인 주몽에 대한 신앙을 이어갔다. 태조대왕의 동생이라는 신대왕의 후예들이 왕위에 있던 3세기에도, 『삼국지』동이전에 보이는 바와 같이 동맹제에서는 주몽신화의 내용대로 국가적인 제사가 지내지고 있었으며, 그후에도 시조신인 주몽에 대한 신앙은 지속되었다.

주몽신화를 중심으로 하여 주몽을 숭배하는 신앙은 고구려의 정신적 지주가 되었다. 4세기 국제정세의 큰 변화 속에서 고구려는 국가존망의 위기를 만났다. 미천왕의 무덤이 모용씨(慕容氏)의 침략군에게 파헤쳐져 왕의 시신이 끌려가고, 백제의 침략군과 싸우던 고국원왕이 백제군의 화살에 맞아 죽는 비극이 이어졌다. 이러한 국가적 위기를 극복하기 위해서는 우선 국왕의 존엄성을 높이 세워야 했는데, 이로써 주몽신화는 다시 주목되었던 것이다.

그리하여 재인식된 주몽신화는 소수림왕과 광개토대왕, 장수왕 같은 후대의 영웅들을 분발케 하여 고구려가 동아시아에서 가장 강력한 고대국가의 하나로 발전하는 데 정신적 바탕이 되었다. 5세기에 씌어진 광개토대왕릉비문을 위시하여 모두루묘지(牟頭婁墓誌)에도 주몽신화의 일부 내용이 기록되었고, 아울러 장수왕 때에 사신을 자주 교환하던 중국의 북위(北魏)에까지 알려져서 북위에 관한 역사서인 『위서(魏書)』에는 주몽신화의 자세한 내용이 실리게 되었던 것이다. 신화에 보이는 신비한 요소들도 유명한 고구려 고분벽화들의 중요한 소재가 되었다. 해와 달의 신, 용과 신선, 그리고 말 달리며 사냥하는 청소년의 모습 등은 그림의 소재로 사용되었다. 벽화에 보이는 말을 달리며 사냥하는 고구려의 청소년들은 자신이 바로 주몽이며 유리라고 생각하며 하늘의 후손다운 용감한 자세로 나라를 지켜냈던 것이다.

　기존질서에 의존해 살던 동부여 금와왕의 태자 대소와, 외롭고 힘들지만 새로운 변화를 따라서 열심히 산 금와왕의 서자 주몽이 대립하며 시작된 고구려 건국의 신화적 역사는, 고구려 초기의 영웅적인 왕 중 마지막 왕이라고 볼 수 있는 대무신왕에 의해 일단 완성되었다. 인간과 신이 함께 한 이 무렵의 역사는, 하늘의 아들로서 확실한 자부심을 갖고 그에 걸맞은 인내로 적극적인 삶을 살았던 주몽과 그의 후손들에게 하늘과 인간들의 도움이 함께 모아짐으로써 결국 그들의 승리로 결말을 맺게 되었다.

　그러나 이후 국가의 규모가 커지면서 왕 개인의 능력만으로 쉽게 처리할 수 없는 국내외적 문제가 많아지고, 더구나 왕실이 기성세력화하여 진취성을 잃어버리면서, 왕들은 주민들을 감동시키지도 비전을 제시하지도 못한 채 다만 고대적 전제군주의

부여계 고구려 귀족 모두루가 무덤 안의 벽면에 자기 조상의 활동을 적은 모두루묘지. 고구려 건국신화 연구에 빼놓을 수 없는 자료이다.

행태를 보이게 되었다. 이렇게 되자 민중들은 신화시대의 종말을 예상하였고 결국 고대적 전제군주의 전형인 모본왕이 살해됨으로써 고구려의 신화시대는 종말을 고하게 되는 것이다. 그러나 고구려 사람들의 삶 속에 원초적인 힘으로 살아 있던 주몽신화는 고구려 중엽에 맞은 국가적 위기를 극복할 수 있는 원동력이 되었으며, 고구려 문화에 녹아들어 고구려를 고구려답게 지켜주었던 것이다.

역사에서 질적인 큰 변화가 있을 때 그 변화를 먼저 예민하게 느끼고 확실한 비전을 갖고 용기있게 정진하는 자가 새로운 시대의 주인공이 될 수 있음을 고구려의 신화시대는 증명해준다. 그 신화시대의 한가운데에, 우리의 상상력을 한껏 불러일으키는 가장 신화다운 신화의 모습을 갖춘 주몽신화가 있으며, 우리 민족의 영원한 영웅 주몽과, 그와 함께한 많은 성실한 사람들이 자리잡고 있다. 그리고 전에 없던 큰 변화의 물결이 다시 몰아닥친 21세기, 또다른 신화를 엮어갈 이 새로운 신화시대의 한가운데 우리가 서 있는 것이다.

고구려 건국사 연표

BC 37 주몽, 졸본에서 소서노와 결혼, 정착하여 졸본부여를 다스리기 시작함

BC 36 주몽왕, 송양국(비류국) 사람들을 홍수에서 구조하고 그곳을 다물도(多勿都)로 함

BC 32. 10 오이와 부분노를 보내 행인국을 정복함

BC 28. 11 북옥저를 정복하고 성읍으로 삼음

BC 24. 8 주몽왕의 모친 유화 동부여에서 타계. 신묘(神廟)를 세움

BC 24. 10 동부여에 사신을 보내 감사하고 토산물을 보냄

BC 19. 4 주몽왕의 첫 부인 예씨와 아들 유리가 동부여에서 옴

BC 19. 9 주몽왕(동명성왕) 40세에 죽고 태자 유리 즉위(유리명왕)

BC 18. 7 유리왕, 송양국의 공주를 왕비로 삼음

BC 17. 10 유리왕의 왕비 죽음. 화희와 치희를 왕비로 삼음

BC 9. 4 졸본부여를 괴롭히던 인근의 선비족을 토벌

BC 6. 11 동부여 대소왕, 인질 교환을 요구했으나 받아들여지지 않자 침공해 왔다가 큰 눈을 만나서 물러남

AD 1. 1 동부여에 인질로 가기를 거부했던 태자 도절 죽음

AD 3. 10 졸본에서 국내성으로 천도. 이후 '국동대혈'의 수신을 동맹제에서 제사하게 되어 주몽신화의 내용이 한층 구체화됨. '고구려' 국호 사용 추정

AD 4. 2 왕자 해명을 태자로 삼음

AD 9. 3 유리왕과 갈등을 겪던 태자 해명 창원에서 자결

AD 9. 8 동부여 대소왕, 유리왕에게 동부여를 섬길 것을 요구

AD 12 신(新)의 왕망, 흉노 정벌을 위해 고구려연맹에 군사 징발 요구. 유리왕, 고구려연맹 사람들의 왕망에 대한 반발을 지도하며 연맹장으로 부상

AD 13. 11 왕자 무휼, 동부여의 침략군을 전멸시킴

AD 14. 1 왕자 무휼을 태자로 삼음

AD 14. 8 유리왕의 신하인 오이와 마리, 고구려연맹 군사 2만을 지휘하여 양맥을 멸하고 현도군 고구려현을 공격

AD 18. 4 왕자 여진 익사함

AD 18. 10 유리왕 죽음. 태자 무휼 즉위(대무신왕)

AD 20. 3 시조 주몽의 사당인 동명왕묘(東明王廟)를 세움. 주몽신화의 기본체계가 확립된 것으로 추정됨

AD 20. 10 동부여에서 머리 하나에 몸통이 둘인 까마귀를 보내옴.

AD 21. 12 동부여 원정. 큰 쇠솥과 옥새, 무기를 얻고 괴유, 마로 등의 장수를 얻음

AD 22. 2 괴유, 동부여 대소왕을 죽임

AD 22. 4 동부여 대소왕의 동생이 갈사국을 세움

AD 22. 7 대소왕의 사촌동생, 1만 명의 백성을 거느리고 고구려에 투항. 연나부에 살게 함

AD 25. 2 우보(右輔)의 관직을 설치하여 군국(軍國)의 일을 맡김

AD 26. 10 개마국을 정복

AD 26. 12 구다국이 투항해 옴

AD 27. 1 좌보(左輔)의 관직을 추가 설치함

AD 28. 7 요동군 태수가 침공하여 위나암성을 장기간 포위했다가 물러감

AD 32. 4 왕자 호동, 옥저에 갔다가 낙랑국왕 최리를 만나고 그의 딸과 혼인했다 함

AD 32. 11 왕자 호동 자결

AD 32. 12 원자인 왕자 해우를 태자로 세움

AD 37 낙랑(국)을 공격하여 멸망시킴

AD 41 기상이변이 자주 일어남

AD 44. 9 광무제, 군사를 보내 낙랑군을 다시 차지하여 후한의 군현으로 삼음

AD 44. 10 대무신왕 41세로 죽음. 대무신왕의 동생 해색주 왕위에 오름(민

중왕)

AD 45. 5 큰 홍수를 만나 굶주린 동부지역 백성을 구제

AD 46. 12 수도에 눈이 내리지 않음

AD 47. 10 잠지락부의 대가(大加)인 대승 등 1만여 명이 낙랑군으로 가서 후
한에 투항함

AD 48 민중왕 죽음. 대무신왕의 원자 해우가 왕위에 오름(모본왕)

AD 48. 8 대홍수로 산 20여 곳이 붕괴됨

AD 49. 2 후한의 북평·어양·상곡·태원 지역을 습격, 요동군 태수의 화친제의
를 받아들임

AD 53. 11 모본왕, 두로에 의해 살해됨. 유리왕의 후손인 궁(宮)이 왕위에 오
름(태조대왕)

AD 55. 2 요서(?)지방에 10개의 성을 쌓아 후한의 공격에 대비함

AD 56. 7 동옥저 정복. 동으로는 동해와 남으로는 청천강에 이르는 영토 확보

고구려 건국사 연표

참고자료

1. 부여 동명신화

『논형(論衡)』 권2, 길험편(吉驗篇) (1세기)

北夷橐離國王侍婢有娠 王欲殺之 婢對曰 有氣大如鷄子 從天而下
我 故有娠 後産子 捐於猪溷中 猪以口氣嘘之 不死 復徙置馬欄中
欲使馬藉殺之 馬復以口氣嘘之 不死 王疑以爲天子 令其母 收取奴
畜之 名東明 令牧牛馬 東明善射 王恐奪其國也 欲殺之 東明走南
至掩遞水 以弓擊水 魚鼈浮爲橋 東明得渡 魚鼈解散 追兵不得渡 因
都王夫餘 故北夷有夫餘國焉

북쪽 오랑캐에 있는 탁리국 왕의 시비가 임신을 하였다. 왕이 그녀를
죽이려 하니 그 시비가 대답하기를 "달걀만한 크기의 기운[氣]이 하늘에
서 내려와 그로 말미암아 제가 임신을 하였습니다"라고 하였다. 뒤에 아
들을 낳으니, 돼지우리 안에 버렸으나 돼지가 입김을 불어주어 죽지 않
았고, 다시 마구간 안으로 옮겨 말에게 깔려죽게 하려 했으나 말도 입김
을 불어주어 죽지 않았다. 왕은 이자가 하늘의 아들[天子]일지도 모른다
고 생각하여 그 어미로 하여금 거두어 노비처럼 기르게 하였다. 동명(東
明)이라 이름짓고 소와 말을 기르게 하였다. 동명은 활을 잘 쏘았는데 왕
은 나라를 빼앗길까 두려워하여 그를 죽이려 하였다. 동명은 남으로 달
아나 엄체수(掩遞水)에 이르러 활로 물을 치니 물고기와 자라가 떠올라
서 다리를 만들어주었다. 동명이 물을 건너니 물고기와 자라가 흩어져버
렸다. 쫓아오던 병사들은 강을 건널 수 없었다. 이리하여 도읍을 정하고

부여(夫餘)의 왕이 되었다. 그리하여 북이(北夷)에 부여국이 있게 되었다.

舊志又言　昔北方有橐離之國者　其王者侍婢有身　王欲殺之　婢云有氣如雞子來下　我故有身　後生子　王捐之於溷中　猪以喙嘘之　徙至馬閑　馬以氣嘘之　不死　王疑以爲天子也　乃令其母收畜之　名曰東明　常令牧馬　東明善射　王恐奪其國也　欲殺之　東明走　南至施掩水　以弓擊水　魚鼈浮爲橋　東明得度　魚鼈乃解散　追兵不得渡　東明因都王夫餘之地

옛 기록에 또한 이렇게 말하였다. 옛날 북방에 고리(橐離)라는 나라가 있어 그 왕의 시비가 임신을 하자, 왕이 그녀를 죽이려고 하였다. 시비가 이르기를 "달걀만한 기운이 있어 나에게로 내려와서 임신을 하게 되었습니다"라고 하였다. 후에 아들을 낳았는데 왕이 그를 돼지우리에 버리자, 돼지가 입김으로 그를 불어주었고, 마구간에 옮겨두었더니 말이 입김으로 그를 불어주어 죽지 않았다. 왕이 의아해하며 그가 하늘의 아들이 아닌가 하여 그 어미로 하여금 거두어 기르게 하고, 이름을 동명이라고 하며 항상 말을 치게 하였다. 동명은 활을 잘 쏘았는데, 왕이 그 나라를 빼앗길까 두려워하여 죽이려고 하였다. 동명이 달아나 남쪽으로 가서 시엄수(施掩水)에 이르러, 활로 물을 치니 물고기와 자라가 떠서 다리를 이루었고 동명이 강을 건너자 물고기와 자라가 흩어져 쫓아온 병사는 건너지 못했다. 이리하여 동명은 도읍을 정하고 부여 땅에서 왕노릇을 하였다.

2. 고구려 주몽신화

광개토대왕릉비(414)

惟昔始祖鄒牟王之創基也 出自北夫餘天帝之子 母河伯女郎 剖卵降世
生而有聖 □□□□ □□命駕 巡幸南下 路有夫餘奄利大水 王臨津言曰 我
是皇天之子 母河伯女郎 鄒牟王 爲我連葭浮龜 應聲卽爲連葭浮龜 然後造
渡 於沸流谷忽本西城山上 而建都焉 不樂世位 因遣黃龍來下迎王 王於忽
本東岡 履龍首昇天

생각건대 옛날에 시조 추모왕(鄒牟王)이 처음 나라를 세우심은 이러
하다. 북부여 천제의 아드님에게서 나오시고 어머니는 하백의 따님이셨
다. 알에서 깨어 세상에 내려오시니 태어나심에 성스러움이 있고 □□□
□하였으며 □□수레를 명하시어 남으로 내려오셨다. 오시는 길에 부여
의 엄리대수(奄利大水)를 만나게 되었다. 왕께서 나루에 이르러 말씀하
시기를 "나는 하늘 왕의 아들이며 어머니는 하백의 따님이신 추모왕이
다. 나를 위하여 갈대를 잇고 거북을 떠오르게 하라" 하시니 이 말에 응
하여 즉시 갈대가 이어지고 거북이 떠올라 이에 강을 건너셨다. 비류곡
홀본(沸流谷忽本) 서쪽 성의 산위에 수도를 세우셨다. 세상의 왕위를
즐겁게 여기지 않으시니, 이에 (하늘이) 황룡을 보내어 내려와서 왕을 맞
으시니 왕은 홀본의 동쪽 언덕에서 용의 머리를 밟고 승천하시었다.

모두루묘지(牟頭婁墓誌)(5세기 중엽)

河伯之孫 日月之子 鄒牟聖王 元出北夫餘 天下四方 知此國都最

聖□□

하백의 손자이며 해와 달의 아들이신 추모성왕은 원래 북부여(계통)에서 나오셨는데 천하사방이 이 나라가 가장 성스러운 (나라인 것을) 알 것이다.

『위서(魏書)』 고구려전(高句麗傳) (554)

高句麗者 出於夫餘 自言先祖朱蒙 朱蒙母河伯女 爲夫餘王閉於室中 爲日所照 引身避之 日影又逐 旣而有孕 生一卵 大如五升 夫餘王棄之與犬 犬不食 棄之與豕 豕又不食 棄之於路 牛馬避之 後棄之野 衆鳥以毛茹之 夫餘王割剖之 不能破 遂還其母 其母以物裹之 置於暖處 有一男破殼而出 及其長也 字之曰朱蒙 其俗言 朱蒙者 善射也 夫餘人以朱蒙非人所生 將有異志 請除之 王不聽 命之養馬 朱蒙每私試 知有善惡 駿者減食令痩 駑者善養令肥 夫餘王以肥者自乘 以痩者給朱蒙 後狩于田 以朱蒙善射 限之一矢 朱蒙雖矢少 殪獸甚多 夫餘之臣又謀殺之 朱蒙母陰知 告朱蒙曰 國將害汝 以汝才略 宜遠適四方 朱蒙乃與烏引烏違等二人 棄夫餘 東南走 中道遇一大水 欲濟無梁 夫餘人追之甚急 朱蒙告水曰 我是日子 河伯外孫 今日逃走 追兵垂及 如何得濟 於是 魚鼈竝浮 爲之成橋 朱蒙得渡 魚鼈乃解 追騎不得渡 朱蒙遂至普述水 遇見三人 其一人著麻衣 一人著衲衣 一人著水藻衣 與朱蒙至紇升骨城 遂居焉 號曰高句麗 因以爲氏焉 初 朱蒙在夫餘時 妻懷孕 朱蒙逃後生一子 字始閭諧 及長 知朱蒙爲國主 卽與母亡而歸之 名之曰閭達 委之國事 朱蒙死 閭達代立

고구려는 부여에서 나왔다. 스스로 말하기를 선조는 주몽이라 한다.

주몽의 어머니 하백녀는 부여왕에 의해 집안에 가두어졌다. 햇빛이 쬐자 몸을 이끌어 피했으나 햇빛이 다시 쫓아왔다. 잉태하여 알 하나를 낳았는데 크기가 다섯 되만 하였다. 부여왕이 이를 개에게 던져주었으나 먹지 않았고 돼지에게 주었으나 역시 먹지 않았으며, 길에 던져두었으나 우마가 피해가고 뒤에는 들에 버렸으나 새들이 털로써 감싸주었다. 부여왕이 그것을 갈라보려 하였으나 깨뜨리지 못했으며 드디어 그 어미에게 돌려주었다. 그 어미가 물건으로 싸서 따뜻한 곳에 두니 한 남아가 껍질을 깨고 나왔다. 자라매 이름을 주몽이라고 하였으니 그곳에서는 주몽이란 말은 활을 잘 쏜다는 뜻이다.

부여인들은 주몽이 사람의 소생이 아니라서 장차 딴마음(왕이 되려는 마음)을 가질 것으로 여겨 죽여 없애기를 청했으나 왕은 듣지 않고 그로 하여금 말을 기르도록 하였다. 주몽이 매번 스스로 시험해보아 좋은 말과 약한 말을 알 수 있게 되자 준마는 먹이를 줄여 마르게 하고 둔한 말은 잘 먹여 살지게 하였다. 부여왕이 살진 말은 자신이 타고 마른 말은 주몽에게 주었다. 뒤에 사냥터에서 사냥을 하게 되었는데, 주몽은 활을 잘 쏘므로 화살을 하나만 주었으나 화살이 적음에도 불구하고 짐승을 많이 잡았다. 부여의 신하들이 다시 모의하여 그를 죽이려 하였다.

주몽의 어머니가 이를 알게 되어 주몽에게 말하기를 "나라에서 장차 너를 해치려 하는데 너의 재주와 꾀면 마땅히 멀리 사방에 가서 살 만하다" 하였다. 주몽이 이에 오인(烏引)과 오위(烏違) 두 사람과 함께 부여를 떠나 동남쪽으로 달아나다가 중도에 큰 강을 만났다. 건너려 하나 다리가 없고 부여인은 급하게 추격해왔으니 주몽이 강물에 고하기를 "나는 태양의 아들이고 하백의 외손인데 금일 도망길에 추격병은 닥치고 있으니 어찌 건너리요" 하니 이에 물고기와 자라가 떠올라 다리를 만들어주어 주몽이 강을 건너고 물고기와 자라는 흩어져버리니 쫓아오던 기병은 강을 건널 수 없었다.

주몽이 드디어 보술수(普述水)에 이르러 세 사람을 만났다. 한 사람은 삼베옷을 입고 다른 한 사람은 검은 옷을 입고 또다른 한 사람은 물풀색 옷을 입고 있었으니, 이들과 더불어 홀승골성(紇升骨城, 졸본)에 이르러 살게 되었다. (나라를) 이름하여 고구려라 하였으며 이로써 성씨를 삼았다. 처음에 주몽이 부여에 있을 때에 아내가 임신하고 있었는데, 주몽이 달아난 후에 아들을 낳으니 이름을 처음에는 여해(閭諧)라고 하였다. 그가 자라서, 주몽이 나라의 임금이 된 것을 알고 그 어머니와 더불어 도망해오니 그를 이름하여 여달(閭達)이라 하고 국사를 위임하였다. 주몽이 죽자 여달이 대신하여 왕이 되었다.

『삼국사기(三國史記)』 권13, 고구려 동명성왕 본기 및 유리명왕 본기 즉위 기사 (1145)

始祖東明聖王 姓高氏 諱朱蒙〔一云 鄒牟 一云 象解〕先是 扶餘王解夫婁 老無子 祭山川求嗣 其所御馬至鯤淵 見大石 相對流淚 王怪之 使人轉其石 有小兒 金色蛙形 王喜曰 此乃天賚我令胤乎 乃收而養之 名曰金蛙 及其長 立爲太子 後其相阿蘭弗曰 日者天降我曰 將使吾子孫立國於此 汝其避之 東海之濱有地 號曰迦葉原 土壤膏腴 宜五穀 可都也 阿蘭弗遂勸王 移都於彼 國號東扶餘 其舊都有人 不知所從來 自稱天帝子解慕漱 來都焉 及解夫婁薨 金蛙嗣位 於是時 得女子於太白山南優渤水 問之曰 我是河伯之女 名柳花 與諸弟出遊

時有一男子 自言天帝子解慕漱 誘我於熊心山下 鴨渌邊室中私之 卽
往不返 父母責我無媒而從人 遂謫居優渤水 金蛙異之 幽閉於室中
爲日所炤 引身避之 日影又逐而炤之 因而有孕 生一卵 大如五升許
王棄之與犬豕 皆不食 又棄之路中 牛馬避之 後棄之野 鳥覆翼之 王
欲剖之 不能破 遂還其母 其母以物裹之 置於暖處 有一男兒 破殼而
出 骨表英奇 年甫七歲 嶷然異常 自作弓矢射之 百發百中 扶餘俗語
善射爲朱蒙 故以名云 金蛙有七子 常與朱蒙遊戱 其伎能皆不及朱蒙
其長子帶素 言於王曰 朱蒙非人所生 其爲人也勇 若不早圖 恐有後
患 請除之 王不聽 使之養馬 朱蒙知其駿者 而減食令瘦 駑者善養令
肥 王以肥者自乘 瘦者給朱蒙 後獵于野 以朱蒙善射 與其矢小 而朱

蒙殪獸甚多 王子及諸臣又謀殺之 朱蒙母陰知之 告曰 國人將害汝
以汝才略 何往而不可 與其遲留而受辱 不若遠適以有爲 朱蒙乃與烏
伊 摩離 陝父等三人爲友 行至淹㴲水〔一名盖斯水 在今鴨綠東北〕
欲渡無梁 恐爲追兵所迫 告水曰 我是天帝子 河伯外孫 今日逃走 追
者垂及如何 於是 魚鼈浮出成橋 朱蒙得渡 魚鼈乃解 追騎不得渡 朱
蒙行至毛屯谷〔魏書云 至普述水〕遇三人 其一人着麻衣 一人着衲衣
一人着水藻衣 朱蒙問曰 子等何許人也 何姓何名乎 麻衣者曰 名再
思 衲衣者曰 名武骨 水藻衣者曰 名默居 而不言姓 朱蒙賜再思姓克
氏 武骨仲室氏 默居少室氏 乃告於衆曰 我方承景命 欲啓元基 而適
遇此三賢 豈非天賜乎 遂揆其能 各任以事 與之俱至卒本川〔魏書云
至紇升骨城〕觀其土壤肥美 山河險固 遂欲都焉 而未遑作宮室 但結
廬於沸流水上居之 國號高句麗 因以高爲氏〔一云 朱蒙至卒本扶餘
王無子 見朱蒙知非常人 以其女妻之 王薨 朱蒙嗣位〕時朱蒙年二十

二歲 是漢孝元帝建昭二年 新羅始祖赫居世二十一年甲申歲也 四方
聞之 來附者衆 其地連靺鞨部落 恐侵盜爲害 遂攘斥之 靺鞨畏服 不
敢犯焉 王見沸流水中 有菜葉逐流下 知有人在上流者 因以獵往尋
至沸流國 其國王松讓出見曰 寡人僻在海隅 未嘗得見君子 今日邂逅
相遇 不亦幸乎 然不識吾子自何而來 答曰 我是天帝子 來都於某所
松讓曰 我累世爲王 地小不足容兩主 君立都日淺 爲我附庸可乎 王
忿其言 因與之鬪辯 亦相射以校藝 松讓不能抗

二年 夏六月 松讓以國來降 以其地爲多勿都 封松讓爲主 麗語謂
復舊土爲多勿 故以名焉

三年 春三月 黃龍見於鶻嶺 秋七月 慶雲見鶻嶺南 其色靑赤

四年 夏四月 雲霧四起 人不辨色七日 秋七月 營作城郭宮室

六年 秋八月 神雀集宮庭 冬十月 王命烏伊扶芬奴 伐太白山東南
荇人國 取其地爲城邑.

十年 秋九月 鸞集於王臺 冬十一月 王命扶尉猒 伐北沃沮滅之 以
其地爲城邑

十四年 秋八月 王母柳花薨於東扶餘 其王金蛙以太后禮葬之 遂立
神廟 冬十月 遺使扶餘 饋方物 以報其德

十九年 夏四月 王子類利自扶餘與其母逃歸 王喜之 立爲太子 秋
九月 王升遐 時年四十歲 葬龍山 號東明聖王

　　시조 동명성왕의 성은 고씨요 이름은 주몽이다[추모 혹은 상해라고도
한다]. 처음에 부여왕 해부루가 늙도록 아들이 없어 산천에 제사하여 후
사를 구하려 했는데, 그가 탄 말이 곤연이란 곳에 이르러 큰돌을 보고 마
주 대하여 눈물을 흘렸다. 왕이 괴이히 여겨 사람을 시켜 그 돌을 옮겨놓
고 보니, 한 금색 개구리 모양의 아이가 있었다. 왕이 기뻐하여 말하기를
"이는 하늘이 내게 뛰어난 자식을 주심이라" 하고 곧 데려다 길렀다. 이
름을 금와라 하고 장성하자 태자로 삼았다. 그후에 국상(國相) 아란불
(阿蘭弗)이 말하기를 "일전에 천신이 제게 강림하여 이르기를, 장차 나
의 자손으로 이곳에 건국케 하려 하니 너희는 다른 곳으로 피하라. 동해
가에 가섭원(迦葉原)이란 곳이 있으니 토양이 기름지고 오곡에 알맞으
니 도읍할 만하다고 하였습니다" 하였다. 아란불이 드디어 왕을 권하여
그곳으로 도읍을 옮기고 국호를 동부여라 하였다. 그 옛 수도에는 어디
서 왔는지 알 수 없었으나 자칭 천제의 아들 해모수라 하는 이가 와서 도
읍하였다. 해부루가 돌아가고 금와가 그 왕위를 이었다. 이때 금와는 태
백산(백두산) 남쪽 우발수(優渤水)에서 한 여자를 얻어 내력을 물으니
대답하기를, "나는 하백의 딸로 이름은 유화입니다. 여러 아우들과 함께
나와 놀고 있을 때 한 남자가 나타나, 제 말로 천제의 아들 해모수라 하
고 나를 웅심산(熊心山) 아래 압록강가의 집속으로 유인하여 사욕을 채
운 후 곧 가서 돌아오지 않았습니다. 우리 부모는 내가 중매도 없이 남에

게 몸을 허락하였다고 하여 드디어 이 우발수에 귀양살이를 하게 하였습니다"라 했다. 금와는 이상히 여겨 그를 집속에 가두었다. 그녀에게 햇빛이 비추더니 몸을 피하여도 또 따라 비추었다. 그로 인하여 태기가 있더니 다섯 되만한 큰 알을 낳았다. 왕이 그 알을 버려 개와 돼지에게 주었더니 먹지 아니하였고, 또 길바닥에 버렸더니 소와 말이 피해갔다. 뒤에 들에 버렸더니 새가 날개로 품어주었다. 왕이 그 알을 쪼개보려 하였으나 잘 깨어지지 않으므로, 드디어 그 어미에게 도로 주었다. 그 어미는 물건으로 알을 싸서 따뜻한 곳에 두었더니, 한 사내아이가 껍질을 깨뜨리고 나왔다. 아이의 외모가 빼어났으며, 나이 일곱살에 평범한 아이와 확연히 다르게 제 손으로 활과 화살을 만들어 쏘는데 백발백중이었다. 부여의 풍속에서 활 잘 쏘는 자를 '주몽'이라 하므로 그와같이 이름을 지었다 한다. 금와왕에게는 아들 7형제가 있어 주몽과 더불어 놀았는데 그 재주와 능력이 모두 주몽을 따를 수 없었다. 그 장자인 대소가 왕에게 말하기를, "주몽은 사람의 소생이 아니고 그 위인이 용맹스러우니, 만일 일찍이 그를 도모치 않으면 후환이 있을까 두려우니 청컨대 그를 없애소서"라고 하였다. 왕은 듣지 않고 주몽으로 하여금 말을 기르게 하였다. 주몽이 말을 살피어 준마에게는 먹을 것을 줄여 여위게 하고 둔한 말은 잘 먹여 살지게 하였다. 왕은 살진 것을 자기가 타고 여윈 것을 주몽에게 주었다. 그후 들에서 사냥을 할 때 주몽은 활을 잘 쏘는 까닭으로 화살을 적게 주었으나, 그가 잡은 짐승은 매우 많았다. 왕자와 여러 신하들이 또 그를 죽이려 모의하므로, 주몽의 어머니가 비밀히 아들에게 말하기를, "나라 사람이 장차 너를 해치려 하니 너의 재주와 지략을 가지고 어디에 간들 아니 되겠느냐. 지체하다가 욕을 당하느니보다는 멀리 가서 큰일을 하는 것이 좋겠다"라고 하였다. 주몽은 이에 오이·마리·협부 3인과 벗삼아 도망하여 엄시수(淹淲水)〔일명 개사수니 지금의 압록 동북에 있다〕에 이르러 물을 건너려 하였으나 다리가 없었다. 추격병이 이를까 두려워하며 강물에 고하기를 "나는 천제의 아들이요 하백의 외손으로 오늘 도망하는 중에 쫓는 자가 이르고 있으니 어찌하랴" 하였다. 이때 물고기와 자라가 떠올라 다리를 만들어주었다. 주몽이 무사히 건너자 물고기와 자라가 곧 흩어지니 뒤를 쫓는 기병이 건너오지 못하고 말았다. 주몽은 모둔곡〔『위서』에는 보술수에 이르렀다 한다〕에 이르러 세 사람을 만났는데, 한 사람은 마의(麻衣)를 입고 한 사람은 납의(衲衣)를 입고 또 한 사람은 수조의(水藻衣)를 입었다. 주몽이 묻기를 "그대들은 어떠한 사람이며 성명이 무엇이냐" 하니, 마의 입은 사람은 말하기를 이름이 재사라 하고, 납의 입은 사람은 말하기를 무골이라 하고, 수조의 입은 사람은 말하기를 묵거라 하고 성씨는 말하지 아니하였다. 주몽은 재사에게 극씨란 성을, 무골에게는 중실씨, 묵거에게는 소실씨를 내려주고, 여러 사람에게 이르기를 "내가 지금 큰 명을 받아 국가를 개창하려 하는데 마침 이 세 현인을 만났으니 어찌 하늘이 내린 것이 아니랴" 하고 드디어 그 재능을 헤아려 각각 일을 맡기고 그들과 함께 졸본천에 이르렀다〔『위서』에는 홀승골성에 이르렀다 한다〕. 그 토양이 기름지고 산하가 험고함을 보고 거기에 도읍을 정하려 하였는데, 궁실을 지을 겨를이 없어 단지 비류수가에 오두막집을 짓고 거기 거하여 나라를 고구려라 하고 인하여 고(高)로써 성씨를 삼았다〔혹은 이르되, 주몽이 졸본부여에 이르니 왕이 아들이 없었는데 주몽이 보통인물이 아님을 알고 그의 딸로 아내를 삼게 하였으며 왕이 돌아가니 주몽이 그 왕위를 이었던 것이라 한다〕. 이때 주몽의 나이는 22세이니, 한나라 효원제(孝元帝) 건소(建昭) 2년이요, 신라 시조 혁거세 21년인 갑신년이었다. 사방에서 소식을 듣고 와서 붙어사는 자가 많았다. 그 지경이 말갈부락과 연접하였으므로 침략과 도적질의 해를 입을까 염려하여 드디어 이를 쳐 물리치니, 말갈이 두려워 복종하여 감히 침범치 못하였다. 왕은 비류수 중에 채소의 잎이 흘러내려오는 것을 보고 상류에 사람이 살고 있음을 알았다. 그래서 사냥을 하면서 비류국(沸流國)을 찾아가니, 그 국왕 송양(松讓)이 나와 보고 "과인이 바닷가의 한 구석에 치우쳐 있어 일찍이 군자를 만나보지 못하다가 오늘 우연히 서로 만나니, 또한 다행한 일이 아니냐. 그런데 그대는 어디서 왔는지 모르겠다" 하였다. 대답하기를 "나는 천제의 아들로 모처에 와서 도읍을 하였다"고 했다. 송양이 말하기를 "우리는 여기서 여러 대 동안 왕노릇을 하였지만, 땅이 작아 두 임금을 용납하기는 어렵다. 그대는 도읍을 정한 지 며칠 안되니, 우리에게 붙어사는 편이 어떻겠느냐"라 하니, 왕은 이 말에 분노하여 그와 시비를 하다가 또한 서로 활쏘기를 하여 재주를 시험해보니 송양이 항거치 못하였다.

2년 하6월에 송양이 나라를 바치고 항복하므로 왕은 그곳을 다물도(多勿都)라 하고, 송양을 봉하여 그곳의 주(主)를 삼았다. 고구려 말에 구토의 회복을 다물이라 하므로 그와같이 이름한 것이다.

3년 춘3월에 황룡(黃龍)이 골령에 나타났고, 추7월에 상서로운 구름이 골령 남쪽에 나타났는데 빛이 푸르고 붉었다.

4년 하4월에 구름과 안개가 사방에서 일어나 사람이 7일 동안이나 빛을 분별치 못하였다. 추7월에 성곽과 궁실을 지었다.

6년 추8월에 신작(神雀)이 궁정에 모여들었다. 동10월에 왕이 오이와 부분노에게 명하여 태백산(백두산) 동남쪽의 행인국을 쳐서 그 땅을 빼앗아 성읍으로 삼았다.

10년 추9월에 난새〔鸞〕가 왕대(王臺)에 모여들었다. 동11월에 왕이 부위염을 시켜 북옥저를 쳐 멸하고 그 땅을 성읍으로 삼았다.

222

14년 추8월에 왕모 유화가 동부여에서 돌아가니 그 왕인 금와가 태후(太后)의 예로써 장사하였고 드디어 신묘를 세웠다. 동10월에 부여에 사신을 보내어 방물을 바쳐 그 은덕에 보답하였다.

19년 하4월에 왕자 유리가 부여에서 그 어머니와 함께 도망해오니, 왕은 기뻐하여 태자로 삼았다. 추9월에 왕이 돌아가니 나이 40세요, 용산(龍山)에 장사하고 동명성왕이라고 이름을 붙여드렸다.

瑠璃明王 立 諱類利 或云孺留 朱蒙元子 母禮氏 初 朱蒙在扶餘 娶禮氏女有娠 朱蒙歸後乃生 是爲類利 幼年 出遊陌上彈雀 誤破汲水婦人瓦器 婦人罵曰 此兒無父 故頑如此 類利慙 歸問母氏 我父何人 今在何處 母曰 汝父非常人也 不見容於國 逃歸南地 開國稱王 歸時謂予曰 汝若生男子 則言我有遺物 藏在七稜石上松下 若能得此

者 乃吾子也 類利聞之 乃往山谷 索之不得 倦而還 一旦在堂上 聞
柱礎間若有聲 就而見之 礎石有七稜 乃搜於柱下 得斷劍一段 遂持
之與屋智句鄒都祖等三人 行至卒本 見父王 以斷劍奉之 王出己所有
斷劍合之 連爲一劍 王悅之 立爲太子 至是繼位

　　유리명왕이 즉위하니, 이름은 유리(類利) 혹은 유류(孺留)라 하며 주
몽의 원자요 어머니는 예씨이다. 처음 주몽이 부여에 있을 때 예씨의 딸
과 결혼하여 아이를 임신하였는데 주몽이 떠나온 후에 낳게 되었다. 이
가 곧 유리니, 어릴 때 밭두둑에 나아가 새를 쏘다가 잘못하여 물긷는 여
자의 물동이를 깨뜨리니 그 여자가 꾸짖어 말하기를 "이 아이는 아비가
없는 까닭에 이같이 불량하다"라 하였다. 유리가 부끄러워 들어와 어머
니에게 묻기를 "나의 아버지는 누구이며 지금 어디 계십니까?" 하였다.
그의 어머니가 말하기를 "너의 아버지는 보통사람이 아니어서 나라에서
용납되지 못하고 남쪽 땅으로 도망하여 나라를 세우고 왕이 되셨단다.
떠날 때 나에게 이르기를 '그대가 사내아이를 낳거든 그 아이에게 이르
되 내가 남겨둔 물건을 일곱 모진 돌 위 소나무 밑에 감추어두었으니, 능
히 이것을 찾는 자가 나의 아들이다'라 하였다" 하니, 유리가 듣고 곧 산
골짜기에 가서 그것을 찾다가 찾지 못하고 지쳐 돌아왔다. 하루는 그가
마루 위에 있을 때 무슨 소리가 기둥과 초석의 틈바귀에서 나는 듯하여
가서 살펴보니 초석이 일곱 모로 되었는지라 곧 기둥 밑을 찾아보니 부
러진 칼 한 조각이 나왔다. 드디어 그것을 가지고 옥지·구추·도조 세 사
람과 함께 졸본에 가서 부왕을 보고 부러진 칼을 바쳤다. 왕이 가지고 있
던 부러진 칼을 꺼내어 맞추어보니 완전한 칼 한 자루가 되었다. 왕이 기

뼈하여 유리를 세워 태자로 삼더니 이에 이르러 왕위를 계승하였다.

『삼국사기(三國史記)』권23, 백제 온조왕 본기 즉위기사(1145)

百濟始祖溫祚王 其父 鄒牟 或云朱蒙 自北扶餘逃難 至卒本扶餘
扶餘王無子 只有三女子 見朱蒙 知非常人 以第二女妻之 未幾 扶餘
王薨 朱蒙嗣位 生二子 長曰沸流 次曰溫祚〔或云 朱蒙 到卒本 娶越
郡女 生二子〕及朱蒙在北扶餘所生子 來爲太子 沸流溫祚 恐爲太子
所不容 遂與烏干馬黎等十臣南行 百姓從之者多 遂至漢山 登負兒嶽
望可居之地 沸流欲居於海濱 十臣諫曰 惟此河南之地 北帶漢水 東
據高岳 南望沃澤 西阻大海 其天險地利 難得之勢 作都於斯 不亦宜
乎 沸流不聽 分其民 歸彌鄒忽以居之 溫祚都河南慰禮城 以十臣爲
輔翼 國號十濟 是前漢成帝鴻嘉三年也 沸流以彌鄒土濕水鹹 不得安
居 歸見慰禮 都邑鼎定 人民安泰 遂慙悔而死 其臣民皆歸於慰禮 後
以來時百姓樂從 改號百濟 其世系與高句麗同出扶餘 故以扶餘爲氏
〔一云 始祖沸流王 其父優台 北扶餘王解扶婁庶孫 母召西奴 卒本人
延陁勃之女 始歸于優台 生子二人 長曰沸流 次曰溫祚 優台死 寡居
于卒本 後朱蒙不容於扶餘 以前漢建昭二年 春二月 南奔至卒本 立
都號高句麗 娶召西奴爲妃 其於開基創業 頗有內助 故朱蒙寵接之特
厚 待沸流等如己子 及朱蒙在扶餘所生禮氏子孺留來 立之爲太子 以
至嗣位焉 於是 沸流謂弟溫祚曰 始 大王避扶餘之難 逃歸至此 我母
氏傾家財 助成邦業 其勤勞多矣 及大王厭世 國家屬於孺留 吾等徒
在此 鬱鬱如疣贅 不如奉母氏 南遊卜地 別立國都 遂與弟率黨類 渡
浿帶二水 至彌鄒忽以居之 北史及隋書皆云 東明之後有仇台 篤於仁

信 初立國于帶方故地 漢遼東太守公孫度以女妻之 遂爲東夷强國 未
知孰是〕

　백제의 시조 온조왕은 그 아버지가 추모(鄒牟)이니 혹은 주몽(朱蒙)
이라고도 한다. (주몽은) 북부여에서 도망하여 졸본부여로 왔는데, 졸본
부여의 왕은 아들이 없고 세 딸만 있었다. 주몽이 보통 인물이 아님을 알
고 그의 둘째딸로 아내를 삼도록 하였다. 얼마 아니하여 (졸본)부여왕이
돌아가니 주몽이 그 자리를 이었다. 두 아들을 낳았는데 장자는 비류(沸
流)라 하고 둘째아들은 온조(溫祚)라 하였다〔혹은 주몽이 졸본에 와서
건너편 군의 여자를 취하여 두 아들을 낳았다고도 한다〕. 주몽이 북부여
에 있을 때 낳은 아들이 와서 태자가 되자 비류와 온조는 태자에게 용납
되지 못할까 두려워하여 마침내 오간·마려 등 열 명의 신하와 함께 남으
로 갔는데, 따라오는 백성이 많았다. 드디어 한산(漢山)에 이르러 부아
악(삼각산)에 올라 살만한 곳을 살펴보았다. 비류는 해변에 살기를 원하
였으나 열명의 신하가 간하기를 "생각건대 강의 남쪽 땅은 북은 한강을
두르고, 동은 높은 산을 의지하였으며, 남은 기름진 벌을 바라보고, 서로
는 큰 바다가 있어 떨어져 있으니, 하늘이 내린 험한 지형과 땅의 이로움
이 갖추어진 매우 얻기 어려운 지세이니 여기를 도읍으로 삼는 것이 좋
겠습니다"라 하였다. 비류는 듣지 않고 그 백성을 나누어 미추홀(인천)
로 가서 살았다. 온조는 하남의 위례성에 도읍을 정하고 열 신하로부터
보필을 받아 국호를 십제(十濟)라 하니, 이때가 전한(前漢) 성제(成帝)
의 홍가(鴻嘉) 3년이었다. 비류는 미추홀의 땅이 습하고 물이 짜서 편안
히 거할 수 없으므로 돌아와 위례를 보았는데 도읍이 안정되고 백성이
편안한지라 부끄럽고 후회하여 죽으니, 그 신하와 백성이 모두 위례로

참고자료

돌아왔다. 올 때에 백성이 즐겨 좇았으므로 후에 국호를 백제(百濟)라고 고쳤다. 그 세계(世系)가 고구려와 마찬가지로 부여에서 나왔기 때문에 부여로써 성씨를 삼았다. 〔혹은 이르기를, 시조는 비류왕으로서, 아버지는 우태(優台)니 북부여왕 해부루(解扶婁)의 서손(庶孫)이며, 어머니는 소서노(召西奴)니 졸본사람 연타발(延陁勃)의 딸이다. (소서노가) 처음 우태에게 시집가서 두 아들을 낳았는데, 장자는 비류이고 차자는 온조이다. 우태가 죽자 (소서노는) 졸본에서 과부로 지냈다. 뒤에 주몽이 부여에 용납되지 못하여 전한 건소 2년(기원전 37) 2월에 남으로 졸본에 이르러 도읍을 세우고 국호를 고구려라 하고 소서노를 취하여 비(妃)로 삼았다. 건국에 그녀의 내조의 공이 매우 컸기 때문에 주몽의 총애가 특히 두터웠고, 비류 등을 마치 친아들과 같이 대우하였다. 주몽이 부여에 있을 때 예씨(禮氏)에게서 낳은 아들 유유(孺留)가 오자 그를 태자로 세우고 드디어 왕위를 잇게 하였다. 이에 비류가 동생 온조에게 말하기를 "처음 대왕이 부여에서 어려움을 피하여 여기로 도망해오자, 우리 어머니께서 가재를 기울여서 도와 나라를 세움에 그 힘씀이 많았다. 대왕이 돌아가시자 나라는 유유의 것이 되었고 우리는 여기에서 다만 혹과 같이 되었으니 답답할 뿐이다. 차라리 어머니를 모시고 남쪽으로 가서 땅을 택하여 따로 국도를 세우는 것만 같지 못하다" 하고 드디어 아우와 함께 무리를 거느리고 패수와 대수의 두 강을 건너 미추홀에 가서 살았다 한다. 『북사(北史)』와 『수서(隋書)』에는 모두 이르기를, 동명의 후손에 구이(仇台)란 이가 있어 크게 어질고 신실하였다. 처음 대방의 옛 땅에 나라를 세웠는데 한의 요동태수 공손도(公孫度)가 딸을 주어 아내로 삼도록 하였다. 드디어 동이(東夷)의 강국이 되었다고 한다. 어느 편이 옳은

지 모르겠다.]

幷序

世多說東明王神異之事 雖愚夫騃婦 亦頗能說其事 僕嘗聞之 笑曰
先師仲尼 不語怪力亂神 此實荒唐奇詭之事 非吾曹所說 及讀魏書通
典 亦載其事 然略而未詳 豈詳內略外之意耶 越癸丑四月 得舊三國
史 見東明王本紀 其神異之迹 踰世之所說者 然亦初不能信之 意以
爲鬼幻 及三復耽味 漸涉其源 非幻也乃聖也 非鬼也乃神也 況國史
直筆之書 豈妄傳之哉 金公富軾 重撰國史 頗略其事 意者公以爲國
史矯世之書 不可以大異之事 爲示於後世 而略之耶 按唐玄宗本紀楊
貴妃傳 並無方士升天入地之事 唯詩人白樂天 恐其事淪沒 作歌以志
之 彼實荒淫奇誕之事 猶且詠之 以示于後 矧東明之事 非以變化神
異眩惑衆目 乃實創國之神迹 則此而不述 後將何觀 是用作詩以記之
欲使夫天下 知我國本聖人之都耳

元氣判泫渾 天皇地皇氏 十三十一頭 體貌多奇異 其餘聖帝王 亦
備載經史 女節感大星 乃生大昊摯 女樞生顓頊 亦感瑤光暉 伏羲制
牲犧 燧人始鑽燧 生蒙高帝祥 雨粟神農瑞 青天女媧補 洪水大禹理
黃帝將升天 胡髥龍自至 太古淳朴時 靈聖難備記 後世漸澆漓 風俗
例汰侈 聖人間或生 神迹少所示 漢神雀三年 孟夏斗立巳〔漢神雀三
年四月甲寅〕海東解慕漱 眞是天之子〔本記云 夫余王解夫婁老無子
祭山川求嗣 所御馬至鯤淵 見大石流淚 王怪之 使人轉其石 有小兒

金色蛙形 王曰此天賜我令胤乎 乃收養之 名曰金蛙 立爲太子 其相

阿蘭弗曰 日者天降我曰 我使吾子孫入國於此 汝其避之 東海之濱有

地 號迦葉原 土宜五穀 可都也 阿蘭弗勸王移都 號東夫餘 於舊都

解慕漱爲天帝子來都〕初從空中下 身乘五龍軌 從者百餘人 騎鵠紛

襂䙝 淸樂動鏘洋 彩雲浮旖旎〔漢神雀三年壬戌歳 天帝遣太子 降遊

扶余王古都 號解慕漱 從天而下 乘五龍車 從者百餘人 皆騎白鵠 彩

雲浮於上 音樂動雲中 止熊心山 經十餘日始下 首戴烏羽之冠 腰帶

龍光之劒〕自古受命君 何是非天賜 白日下靑冥 從昔所未視 朝居人

世中 暮反天宮裡〔朝則聽事 暮卽昇天 世謂之天王郎〕吾聞於古人

蒼穹之去地 二億萬八千 七百八十里 梯棧躕難升 羽翮飛易瘁 朝夕

恣升降 此理復何爾 城北有靑河〔靑河 今鴨綠江也〕河伯三女美〔長

曰柳花 次曰萱花 季曰葦花〕擘出鴨頭波 往遊熊心涘〔自靑河出遊

熊心淵上〕鏘琅佩玉鳴 綽約顔花媚〔神姿艶麗 雜佩鏘洋 與漢皐無

異〕初疑漢皐濱 復想洛水沚 王因出獵見 目送頗留意 玆非悅紛華

誠急生繼嗣〔王謂左右曰 得而爲妃 可有後胤〕三女見君來 入水尋

相避 擬將作宮殿 潛候同來戲 馬撾一畫地 銅室欻然峙 錦席鋪絢明

金罇置淳旨 蹁躚果自入 對酌還徑醉〔其女見王 卽入水 左右曰 大

王何不作宮殿 俟女入室 當戶遮之 王以爲然 以馬鞭畫地 銅室俄成

壯麗 於室中 設三席 置樽酒 其女各坐其席 相勸飮酒大醉 云云〕王

時出橫遮 驚走僅顚躓〔王俟三女大醉 急出遮 女等驚走 長女柳花

爲王所止〕長女曰柳花 是爲王所止 河伯大怒嗔 遣使急且駛 告云渠

何人 乃敢放輕肆 報云天帝子 高族請相累 指天降龍馭 徑到海宮邃

〔河伯大怒 遣使告曰 汝是何人 留我女乎 王報云 我是天帝之子 今

欲與河伯結婚 河伯又使告曰 汝若天帝之子 於我有求婚者 當使媒云
云 今輒留我女 何其失禮 王慙之 將往見河伯 不能入室 欲放其女
女旣與王定情 不肯離去 乃勸王曰 如有龍車 可到河伯之國 王指天
而告 俄而五龍車從空而下 王與女乘車 風雲忽起 至其宮〕河伯乃謂
王 婚姻是大事 媒贄有通法 胡奈得自恣〔河伯備禮迎之 坐定 謂曰
婚姻之道 天下之通規 何爲失禮辱我門宗 云云〕君是上帝胤 神變請
可試 漣漪碧波中 河伯化作鯉 王尋變爲獺 立捕不待跬 又復生兩翼
翩然化爲雉 王又化神鷹 搏擊何大鷙 彼爲鹿而走 我爲豺而趡 河伯
知有神 置酒相燕喜 伺醉載革輿 并置女於轎〔車傍曰轎〕意令與其女
天上同騰轡 其車未出水 酒醒忽驚起〔河伯之酒 七日乃醒〕取女黃
金釵 刺革從竅出〔韻叶〕獨乘赤霄上 寂寞不廻騎〔河伯曰 王是天帝
之子 有何神異 王曰 唯在所試 於是 河伯於庭前水 化爲鯉隨浪而游
王化爲獺而捕之 河伯又化爲鹿而走 王化爲豺逐之 河伯化爲雉 王化
爲鷹擊之 河伯以爲誠是天帝之子 以禮成婚 恐王無將女之心 張樂置
酒 勸王大醉 與女入於小革輿中 載以龍車 欲令升天 其車未出水 王
卽酒醒 取女黃金釵 刺革輿 從孔獨出升天〕河伯責厥女 挽吻三尺弛
乃貶優渤中 唯與婢僕二〔河伯大怒其女曰 汝不從我訓 終辱我門 令
左右絞挽女口 其唇吻長三尺 唯與奴婢二人 貶於優渤水中 優渤澤名
今在太白山南〕漁師觀波中 奇獸行駊騀 乃告王金蛙 鐵網投湀湀 引
得坐石女 姿貌甚堪畏 唇長不能言 三截乃啓齒〔漁師强力扶鄒告曰
近有盜梁中魚而將去者 未知何獸也 王乃使魚師以網引之 其網破裂
更造鐵網引之 始得一女坐石而出 其女唇長不能言 令三截其唇 乃
言〕王知慕漱妃 仍以別宮置 懷日生朱蒙 是歲歲在癸 骨表諒最奇

啼聲亦甚偉 初生卵如升 觀者皆驚悸 王以爲不祥 此豈人之類 置之
馬牧中 群馬皆不履 棄之深山中 百獸皆擁衛〔王知天帝子妃 以別宮
置之 其女懷中日曜 因以有娠 神雀四年癸亥歲 夏四月 生朱蒙 啼聲
甚偉 骨表英奇 初生左腋生一卵 大如五升許 王怪之曰 人生鳥卵 可
爲不祥 使人置之馬牧 群馬不踐 棄於深山 百獸皆護 雲陰之日 卵上
恒有日光 王取卵送母養之 卵終乃開 得一男 生未經月 言語並實〕
母姑擧而養 經月言語始 自言蠅噆目 臥不能安睡 母爲作弓矢 其弓
不虛掎〔謂母曰 群蠅噆目 不能睡 母爲我作弓矢 其母以蓽作弓矢與
之 自射紡車上蠅 發矢卽中 扶余謂善射曰朱蒙〕年至漸長大 才能日
漸備 扶余王太子 其心生妬忌 乃言朱蒙者 若不早自圖 其患誠未已
〔年至長大 才能並備 金蛙有子七人 常共朱蒙遊獵 王子及從者四十
餘人 唯獲一鹿 朱蒙射鹿至多 王子妬之 乃執朱蒙縛樹 奪鹿而去 朱
蒙拔樹而去 太子帶素言於王曰 朱蒙者神勇之士 瞻視非常 若不早圖
必有後患〕王令往牧馬 欲以試厥志 自思天之孫 廝牧良可恥 捫心常
竊導 吾生不如死 意將往南土 立國立城市 爲緣慈母在 離別誠未易
〔王使朱蒙牧馬 欲試其意 朱蒙內自懷恨 謂母曰 我是天帝之孫 爲人
牧馬 生不如死 欲往南土造國家 母在 不敢自專 其母云云〕其母聞
此言 潸然抆淸淚 汝幸勿爲念 我亦常痛痞 士之涉長途 須必憑駿驥
相將往馬閑 卽以長鞭捶 群馬皆突走 一馬騂色斐 跳過二丈欄 始覺
是駿驥〔通典云 朱蒙所乘 皆果下也〕潛以針刺舌 酸痛不受飼 不日
形甚癯 却與駑駘似 爾後王巡觀 予馬此卽是 得之始抽針 日夜屢加
餧〔其母曰 此吾之所以日夜腐心也 吾聞士之涉長途者 須憑駿足 吾
能擇馬矣 遂往馬牧 卽以長鞭亂捶 群馬皆驚走 一騂馬跳過二丈之欄

朱蒙知馬駿逸 潛以針插馬舌根 其馬舌痛 不食水草 甚瘦悴 王巡行

馬牧 見群馬悉肥 大喜 仍以瘦賜朱蒙 朱蒙得之 拔其針加餧云〕暗

結三賢友 其人共多智〔烏伊摩離陜父等三人〕南行至淹滯〔一名蓋

斯水 在今鴨綠東北〕欲渡無舟艤〔欲渡無舟 恐追兵奄及 迺以策指

天 慨然嘆曰 我天帝之孫 河伯之甥 今避難至此 皇天后土 憐我孤子

速致舟橋 言訖 以弓打水 魚鼈浮出成橋 朱蒙乃得渡 良久追兵至〕

秉策指彼蒼 慨然發長喟 天孫河伯甥 避難至於此 哀哀孤子心 天地

其忍棄 操弓打河水 魚鼈騈首尾 屹然成橋梯 始乃得渡矣 俄爾追兵

至 上橋橋旋圮〔追兵至河 魚鼈橋卽滅 已上橋者 皆沒死〕雙鳩含麥

飛 來作神母使〔朱蒙臨別 不忍睽違 其母曰 汝勿以一母爲念 乃裹

五穀種以送之 朱蒙自切生別之心 忘其麥子 朱蒙息大樹之下 有雙鳩

來集 朱蒙曰 應是神母使送麥子 乃引弓射之 一矢俱擧 開喉得麥子

以水噴鳩 更蘇而飛去 云云〕形勝開王都 山川鬱嵬嶷 自坐茀蕝上

略定君臣位〔王自坐茀蕝之上 略定君臣之位〕咄哉沸流王 何奈不自

揆 苦矜仙人後 未識帝孫貴 徒欲爲附庸 出語不愼葸 未中畫鹿臍 驚

我倒玉指〔沸流王松讓出獵 見王容貌非常 引而與坐曰 僻在海隅 未

曾得見君子 今日邂逅 何其幸乎 君是何人 從何而至 王曰 寡人天帝

之孫 西國之王也 敢問君王 繼誰之後 讓曰 予是仙人之後 累世爲王

今地方至小 不可分爲兩王 君造國日淺 爲我附庸可乎 王曰 寡人繼

天之後 今主非神之胄 强號爲王 若不歸我 天必殛之 松讓以王累稱

天孫 內自懷疑 欲試其才乃曰 願與王射矣 以畫鹿置百步內 射之 其

矢不入鹿臍 猶如倒手 王使人以玉指環 懸於百步之外 射之 破如瓦

解 松讓大驚 云云〕來觀鼓角變 不敢稱我器〔王曰 以國業新造 未

有鼓角威儀 沸流使者往來 我不能以王禮迎送 所以輕我也 從臣扶芬
奴進曰 臣爲大王 取沸流鼓角 王曰 他國藏物 汝何取乎 對曰 此天
之與物 何爲不取乎 夫大王困於扶余 誰謂大王能至於此 今大王奮身
於萬死之危 揚名於遼左 此天帝命而爲之 何事不成 於是扶芬奴等三
人 往沸流取鼓而來 沸流王遣使告曰 云云 王恐來觀鼓角 色暗如故
松讓不敢爭而去〕來觀屋柱故 咋舌還自愧〔松讓欲以立都先後爲附
庸 王造宮室 以朽木爲柱 故如千歲 松讓來見 竟不敢爭立都先後〕
東明西狩時 偶獲雪色麑〔大鹿曰麑〕倒懸蟹原上 敢自呪而謂 天不
雨沸流 漂沒其都鄙 我固不汝放 汝可助我慣 鹿鳴聲甚哀 上徹天之
耳 霖雨注七日 霈若傾淮泗 松讓甚憂懼 沿流謾橫葦 士民競來攀 流
汗相瞪眙 東明卽以鞭 畫水水停沸 松讓舉國降 是後莫予訾〔西狩獲
白鹿 倒懸於蟹原 呪曰 天若不雨而漂沒沸流王都者 我固不汝放矣
欲免斯難 汝能訴天 其鹿哀鳴 聲徹于天 霖雨七日 漂沒松讓都 王以
葦索橫流 乘鴨馬 百姓皆執其索 朱蒙以鞭畫水 水卽減 六月 松讓舉
國來降 云云〕玄雲羃鶻嶺 不見山邐迤 有人數千許 斲木聲髣髴 王
曰天爲我 築城於其趾 忽然雲霧散 宮闕高嶤嵬〔七月 玄雲起鶻嶺
人不見其山 唯聞數千人聲 以起土功 王曰 天爲我築城 七日雲霧自
散 城郭宮臺自然成 王拜皇天就居〕 在位十九年 升天不下莅〔秋九
月 王升天不下 時年四十 太子以所遺玉鞭 葬於龍山 云云〕俶儻有
奇節 元子曰類利 得劍繼父位 塞盆止人詈〔類利少有奇節 云云 少以
彈雀爲業 見一婦戴水盆 彈破之 其女怒而詈曰 無父之兒 彈破我盆
類利大慙 以泥丸彈之 塞盆孔如故 歸家問母曰 我父是誰 母以類利
年少戲之曰 汝無定父 類利泣曰 人無定父 將何面目見人乎 遂欲自

232

刎 母大驚止之曰 前言戲耳 汝父是天帝孫河伯甥 怨爲扶餘之臣 逃
往南土 始造國家 汝往見之乎 對曰 父爲人君 子爲人臣 吾雖不才
豈不愧乎 母曰 汝父去時有遺言 吾有藏物七嶺七谷石上之松 能得此
者 乃我之子也 類利自往山谷 搜求不得 疲倦而還 類利聞堂柱有悲
聲 其柱乃石上之松木 體有七稜 類利自解之曰 七嶺七谷者 七稜也
石上松者柱也 起而就視之 柱上有孔 得毁劍一片 大喜 前漢鴻嘉四
年夏四月 奔高句麗 以劍一片 奉之於王 王出所有毁劍一片合之 血
出連爲一劍 王謂類利曰 汝實我子 有何神聖乎 類利應聲 擧身聳空
乘牖中日 示其神聖之異 王大悅 立爲太子〕我性本質木 性不喜奇詭
初看東明事 疑幻又疑鬼 徐徐漸相涉 變化難擬議 況是直筆文 一字
無虛字 神哉又神哉 萬世之所韙 因思草創君 非聖卽何以 劉媼息大
澤 遇神於夢寐 雷電塞晦暝 蛟龍盤怪傀 因之卽有娠 乃生聖劉季 是
惟赤帝子 其興多殊祚 世祖始生時 滿室光炳煒 自應赤伏符 掃除黃
巾僞 自古帝王興 徵瑞紛蔚蔚 末嗣多怠荒 共絕先王祀 乃知守成君
集蓼戒小毖 守位以寬仁 化民由禮義 永永傳子孫 御國多年紀

　*「동명왕편」의 한글 번역문은 민족문화추진회의 『국역 동국이상국집』 I
(1980; 중판 1985), 127~43면 및 홈페이지(www.minchu.or.kr) 검색창을 참
조하기 바란다. 〔 〕 안의 주(註)의 내용은 『구삼국사(舊三國史)』 동명왕 본기
의 기사로 여겨지는데, 이 책에서 주몽신화를 복원하는 데 기초자료가 되었다.
이 책 132~61면의 복원된 신화내용을 참조하면 이해에 도움이 될 것이다.

『삼국유사(三國遺事)』 권1. 기이편 고구려 (13세기 후반)

　高句麗 卽卒本扶餘也 或云今和州 又成州等 皆誤矣 卒本州在遼
東界 國史高麗本記云 始祖東明聖帝 姓高氏 諱朱蒙 先是 北扶餘王

解夫婁 旣避地于東扶餘 及夫婁薨 金蛙嗣位 于時得一女子於太伯山南優渤水 問之 云我是河伯之女 名柳花 與諸弟出遊 時有一男子 自言天帝子解慕漱 誘我於熊神山下鴨淥邊室中私之 而往不返〔壇君記云 君與西河河伯之女要親 有産子 名曰夫婁 今按此記 則解慕漱私河伯之女而後産朱蒙 壇君記云 産子名曰夫婁 夫婁與朱蒙異母兄弟也〕父母責我無媒而從人 遂謫居于此 金蛙異之 幽閉於室中 爲日光所照 引身避之 日影又逐而照之 因而有孕 生一卵 大五升許 王棄之與犬猪 皆不食 又棄之路 牛馬避之 棄之野 鳥獸覆之 王欲剖之而不能破 乃還其母 母以物裹之 置於暖處 有一兒破殼而出 骨表英奇 年甫七歲 岐嶷異常 自作弓失 百發百中 國俗謂善射爲朱蒙 故以名焉 金蛙有七子 常與朱蒙遊戲 技能莫及 長子帶素言於王曰 朱蒙非人所生 若不早圖 恐有後患 王不聽 使之養馬 朱蒙知其駿者 減食令瘦 駑者善養令肥 王自乘肥 瘦者給蒙 王之諸子與諸臣將謀害之 蒙母知之 告曰 國人將害汝 以汝才略 何往不可 宜速圖之 於是蒙與鳥伊等三人爲友 行至淹水〔今未詳〕告水曰 我是天帝子 河伯孫 今日逃遁 追者垂及 奈何 於是魚鼈成橋 得渡而橋解 追騎不得渡 至卒本州〔玄菟郡之界〕遂都焉 未遑作宮室 但結廬於沸流水上居之 國號高句麗 因以高爲氏〔本姓解也 今自言是天帝子 承日光而生 故自以高爲氏〕時年十二歲 漢孝元帝建昭二年甲申歲 卽位稱王 高麗全盛之日 二十一萬五百八戶 珠琳傳第二十一卷載 昔寧稟離王侍婢有娠 相者占之曰 貴而當王 王曰 非我之胤也 當殺之 婢曰 氣從天來 故我有娠 及子之産 謂爲不祥 捐圈則猪噓 棄欄則馬乳 而得不死 卒爲扶餘之王〔卽東明帝爲卒本扶餘王之謂也 此卒本扶餘 亦是北扶

餘之別都 故云扶餘王也 寧稟離 乃夫婁王之異稱也〕

  고구려는 곧 졸본부여이다. 혹은 지금의 화주 또는 성주 등이라 하나,
모두 잘못이다. 졸본주는 요동지역에 있다. 국사 고려 본기에 이르기를
시조 동명성제의 성은 고씨요 이름은 주몽이다. 이에 앞서 북부여왕 해
부루가 동부여로 피하고 부루가 돌아간 후 금와가 왕위를 이어 태백산
남쪽 우발수에서 한 여자를 만나 물으니, 대답하되 나는 본시 하백의 딸
로 이름은 유화인데, 여러 아우들과 나와 놀고 있을 때, 한 남자가 있어
자기는 천제의 아들 해모수라 하고 나를 웅신산 밑 압록강가의 집속으로
꾀어 사사로이 정을 통하고 가서 돌아오지 않으므로〔『단군기』에는 “왕이
서하 하백의 딸과 관계를 가져 아들을 낳아 부루라 이름하였다” 하였는
데, 지금 이 기사에는 해모수가 하백의 딸을 사통하여 뒤에 주몽을 낳았
다 한다. 『단군기』에 “아들을 낳아 부루라 이름하였다” 하니 부루와 주몽
은 이복형제일 것이다) 부모님이 내가 중매 없이 혼인한 것을 꾸짖어 이
곳으로 귀양보낸 것이라 하였다. 금와가 이상히 여겨 방안에 가두었더니
햇빛이 비쳐왔다. 몸을 피하매 그리로 쫓아와 비치며 이로써 태기가 있
더니 알 하나를 낳았다. 크기가 닷 되만 하였다. 왕이 그것을 버려 개와
돼지에게 주니 모두 먹지 않고 또 길에 버리니 우마가 피하고 들에 버리
니 새와 짐승이 덮어주었다. 왕이 깨뜨리려다가 깨뜨리지 못하고 그 어
미에게 돌려주었다. 그녀가 물건으로 싸서 따뜻한 곳에 두었더니 한 아
이가 껍질을 깨뜨리고 나왔다. 골격과 외양이 영특하고 기이하였다. 나
이 겨우 7세에 숙성하여 보통사람과 다르고 혼자 활과 살을 만들어 백번
쏘면 백번 모두 명중하였다. 나라의 풍속에 활 잘 쏘는 것을 주몽(朱蒙)
이라 하므로 그렇게 이름하였다. 금와에게는 아들 일곱이 있어, 항상 주

몽과 노는데 기예와 능력이 따르지 못하였다. 장자 대소(帶素)가 왕에게 말하되 "주몽은 사람의 소생이 아니니, 일찍이 처치하지 않으면 후환이 있을까 합니다" 하였다. 왕이 듣지 않고 (주몽에게) 말을 기르게 하였다. 주몽은 준마를 알아보아 적게 먹여 파리하게 하고 둔한 말은 잘 먹여서 살지게 하였다. 왕이 살진 말은 자기가 타고 파리한 말은 주몽에게 주었다. 왕의 여러 아들과 신하들이 주몽을 장차 죽이려고 꾀하니 주몽의 어머니가 알고 그에게 말하되 "나라 사람들이 장차 너를 죽이려고 하니 너의 재주와 꾀로 어디로 간들 못살겠느냐. 속히 도망하라" 하였다. 이에 주몽은 오이(烏伊) 등 세 사람으로 벗을 삼아 엄수〔지금의 어디인지 알 수 없다〕에 이르러 물에 고하되 "나는 천제의 아들이요 하백의 손자인데, 오늘 도망하는데 쫓는 자가 거의 닥치게 되었으니 어찌하면 좋으랴" 하였다. 이때에 고기와 자라가 다리를 이루어 건너게 하고 곧 흩어지니, 쫓아오던 적의 기병은 건너지 못하였다. 졸본주〔현도군의 지경〕에 이르러 도읍을 하였으나, 미처 궁실을 지을 겨를이 없고, 다만 초가집을 비류수 가에 짓고 거기에 거하여 국호를 고구려라 하고 인하여 고(高)로써 씨(氏)를 삼았다〔본성은 해解였는데 지금 자기가 천제의 아들로 햇빛을 받고 낳았다 하여 스스로 고高씨로 하였다〕. 이때 나이 12세였으니 한 효원제 건소(建昭) 2년 갑신에 즉위하여 왕이라 일컬었다. 고구려가 전성하던 때는 21만 508호를 이루었다. 『주림전(珠琳傳)』 제21권에 기록되었으되 옛날 영품리왕(寧稟離王)의 시비가 임신하였는데 관상을 보는 이가 점쳐 가로되 "귀하기가 마땅히 왕이다" 하였다. 왕이 말하기를 "나의 자식이 아니니 죽이는 것이 마땅하다" 하였다. 시비가 아뢰되 "하늘로부터 기운이 내려와 임신한 것이다" 하였다. 그 아이가 태어나매 좋지 않다고 하여 돼지우리에 버리니 돼지가 입김을 불어주고, 마구간에 버리니 말이 젖을 먹여 죽지 않게 하여 마침내 부여의 왕이 되었다. 〔즉 동명제가 졸본부여의 왕이 된 것을 말함이다. 이 졸본부여는 또한 북부여의 별도이므로 부여왕이라고 한 것이다. 영품리는 부루왕의 다른 칭호이다.〕

찾아보기

238

고구려 건국사

되찾은 주몽신화의 시대

초판 1쇄 발행 / 2002년 5월 10일
초판 6쇄 발행 / 2008년 9월 16일

지은이 / 김기홍
펴낸이 / 고세현
편집 / 강일우·김정혜·김종곤·서정은·신미희
펴낸곳 / (주)창비
등록 / 1986년 8월 5일 제85호
주소 / 413-756 경기도 파주시 교하읍 513-11
전화 / 031-955-3333
팩시밀리 / 영업 031-955-3399 편집 031-955-3400
홈페이지 / www.changbi.com
전자우편 / human@changbi.com

ⓒ 김기홍 2002
ISBN 978-89-364-8222-0 03910